谷律青 主编

历史大有看头

趣谈世界史上的那些事儿

时代文艺出版社
SHIDAI WENYI CHUBANSHE

图书在版编目（CIP）数据

趣谈世界史上的那些事儿 / 谷律青主编. -- 长春：时代文艺出版社, 2025.6. -- (历史大有看头).
ISBN 978-7-5387-7739-0

Ⅰ.K109

中国国家版本馆CIP数据核字第2025CQ7579号

历史大有看头
趣谈世界史上的那些事儿
QUTAN SHIJIE SHI SHANG DE NAXIE SHIER

谷律青　主编

| 出 品 人：吴　刚 |
| 产品总监：郝秋月 |
| 责任编辑：苟士纯 |
| 封面设计：书心瞬意 |
| 排版制作：文贤阁 |

出版发行：时代文艺出版社
地　　址：长春市福祉大路5788号　龙腾国际大厦A座15层（130118）
电　　话：0431-81629751（总编办）　0431-81629758（营销部）
官方微博：weibo.com/tlapress
开　　本：710mm×1000mm　1/16
印　　张：12
字　　数：125千字
印　　刷：三河市嵩川印刷有限公司
版　　次：2025年6月第1版
印　　次：2025年6月第1次印刷
书　　号：ISBN 978-7-5387-7739-0
定　　价：59.80元

图书如有印装错误　请与印厂联系调换　（电话：13831657309）

前言

在世界历史上，发生过诸多神秘莫测、疑问丛生、耐人寻味、令人惊诧的事件。这些事件宛如一扇扇通往未知神秘世界的大门，让我们心中涌动着难以扼制的、只想一头扎进去探个究竟的冲动和欲望。

你想知道两河流域镌刻着楔形文字的泥板上，有着怎样波澜壮阔的英雄史诗吗？这些神秘的古文字又是如何被破译的？早慧、坚韧、富有艺术气质的古埃及人，是如何建造成令人叹为观止的金字塔，留下罗塞塔石碑、图坦卡蒙面具等无与伦比的艺术珍品的？金字塔的秘密、法老的诅咒等让世人津津乐道的谜团，今天是否有了更为合理的阐释呢？号称"死亡之丘"的摩亨佐·达罗，为何被视为印度河流域文明的代表？有人认为这里发生过人类历史上最早的核战争，又是怎么回事呢？

初步了解了人类的古文明后，辉煌的古希腊文明将深深吸引我们的目光。古希腊文明在科技、数学、医学、哲学、文学、戏剧、雕塑、绘画、建筑等方面都为人类文明做出了巨大贡献。古希腊哲学家苏格拉底的死因、神秘的亚特兰蒂斯大陆以及亚历山大大帝之死等，都让后人产生无限遐想。古希腊文明衰落后，继之而起的古罗马帝国实现了空前繁荣，但也留下了无数令人好奇的谜团：罗马大火是暴君尼禄放的吗？罗马帝国是被铅消灭的吗？了解古希腊文明和古罗马文明，能让我们认识到今天深刻影响着西方文明的特质是如何形成和发展而来的。

欧洲的中世纪，阶级压迫严重、战乱频繁、瘟疫不断，是不折不扣的"黑暗时代"，却也成为后人心目中神秘、浪漫的时代。中世纪在建筑、艺术、文学和哲学等方面都取得了巨大的成就。亚瑟王及圆桌骑士的传奇故事，奠定了骑士文学的基调，但这位"骑士王"可能是虚构出来的；为真理而死的布鲁诺和富有实验精神的伽利略，为揭开中世纪的蒙昧做出贡献；被美化了的"十字军"东征，细看不过是一地鸡毛……

文艺复兴后，人类社会进入了新阶段。大航海时代后，西班牙成为"海上第一强国"，但其"无敌舰队"被英国击败后，海上霸权易主；英国号称"日不落帝国"，长期成为西方世界的霸主，而列克星敦的枪声则敲响了帝国衰落的晚钟；法国在拿破仑时代横扫欧洲，但这位战无不胜的"战神皇帝"在滑铁卢战役中的失败以及最后的死因，都被蒙在迷雾之中。

工业革命之后，人类迎来了信息爆炸的新时代，全世界都为欧美的一些"未解之谜"而着迷：尼斯湖水怪、百慕大魔鬼三角、罗斯威尔事件、麦田怪圈……当然，人们也一如既往地关心政治、战争的诸多"悬案"，例如美国总统林肯、肯尼迪遇刺之谜，珍珠港事件之谜等。

本书力求通过生动的故事和新颖的视角，让读者在轻松愉快的阅读中，感受世界历史的魅力。

目录

第一章　古代帝王的难解谜团

图坦卡蒙是被谋杀的吗	002
腓力二世是被儿子暗杀的吗	005
亚历山大大帝为何暴卒	007
斯巴达克斯为何突然率军南下	008
恺撒之死有哪些内幕	010
埃及艳后是怎么死的	011
罗马大火是暴君尼禄放的吗	013
亚瑟王和圆桌骑士存在过吗	016
阿提拉为何被称为"上帝之鞭"	017
查理大帝的加冕是策划好的吗	018

第二章　近现代当权者疑云探秘

拿破仑是被谋杀的吗	020
伊丽莎白女王为何终身不嫁	023

华盛顿为何不竞选美国第三任总统　　024
亚历山大一世真的归隐了吗　　025
林肯遇刺案有哪些未解谜团　　027
温莎公爵真的"不爱江山爱美人"吗　　029
希特勒真的没有死吗　　031
"圣雄甘地"遇刺有何蹊跷　　033
肯尼迪遇刺还有哪些谜团　　034

第三章　鲜为人知的名人秘事

苏格拉底为何被判死刑　　038
圣女贞德为何被处死　　039
僧侣天海真的是明智光秀吗　　043
巴士底狱中的"铁面人"是谁　　045
热爱生命的凡·高为何自杀　　047
天才牛顿竟终身未娶　　048
普希金真的是为爱而死吗　　049
贝多芬是被酒害死的吗　　050
"太空第一人"为何英年早逝　　051
玛丽莲·梦露之死有哪些谜团　　053

第四章　世界文明的奇闻逸事

尼安德特人为何会消失　　　　　　　　056
印第安人是如何到达美洲的　　　　　　059
摩亨佐·达罗为什么会消失　　　　　　062
古希腊的"陶片放逐法"是什么　　　　064
为什么说"白鹅拯救了罗马"　　　　　065
罗马帝国是被铅消灭的吗　　　　　　　067
玛雅文明真的那么超前吗　　　　　　　069
中世纪的黑死病是怎么产生的　　　　　070
英国的"羊吃人"是怎么回事　　　　　071
下一次工业革命何时到来　　　　　　　072

第五章　科学发现背后的真相

布鲁诺为何会被烧死　　　　　　　　　074
伽利略做过比萨斜塔铁球实验吗　　　　075
进化论的另一个提出者是谁　　　　　　077
爱迪生是第一个发明灯泡的人吗　　　　080
为什么说青霉素是偶然产物　　　　　　082
长眠200多万年的青蛙是真是假　　　　083
金星上真的存在城垣吗　　　　　　　　085
海森堡是故意不为德国制造原子弹吗　　086

通向大海的四万个台阶是如何形成的　　087
人类消灭的第一个传染病是什么　　090

第六章　文学艺术的趣味秘闻

罗塞达石碑为何那么著名　　092
楔形文字是如何被破译的　　093
世界五大史诗是哪五部　　094
荷马是真实存在的人物吗　　097
世界上第一部长篇小说是哪部　　099
《蒙娜丽莎》的微笑有什么秘密　　100
塞万提斯的葬身地在哪里　　102
莎士比亚是虚构人物吗　　103
达·芬奇真的是"全才"吗　　105
列夫·托尔斯泰为何出走　　107

第七章　战争冲突的博弈谜题

史前真的发生过核战争吗　　110
特洛伊战争到底是神话还是史实　　111
十字军东征的目的到底是什么　　114
"无敌舰队"为何被击败　　117
列克星敦的枪声是如何响起的　　119

拿破仑在滑铁卢惨败有何隐情	121
"缅因"号爆炸是美国自导自演的吗	123
恩尼格玛密码机是如何被破解的	124
"卡廷森林惨案"是谁干的	125

第八章　古迹珍宝的悬疑探索

金字塔的神秘巧合有哪些	128
狮身人面像的作用是什么	131
"空中花园"真的存在过吗	132
奥尔梅克巨像有什么用	133
巨石阵到底是干什么用的	135
复活节岛上的巨像有什么用	136
纳斯卡地画是谁的作品	139
真的有所罗门宝藏吗	141
皮里·雷斯地图真是外星人的杰作吗	143
纳粹的黄金储备转移到了哪里	145

第九章　众说纷纭的离奇事件

希腊的"毒蛇朝圣"	148
"通古斯大爆炸"到底是如何引起的	151
"泰坦尼克号"沉没的原因是什么	152
"法老的诅咒"到底是真是假	153

"罗斯韦尔事件"到底是怎么回事　　155
戴安娜王妃死于意外还是谋杀　　156
诡异的"屠牛事件"真相是什么　　158
人体自燃事件是意外还是谋杀　　160
火星运河闹剧是怎么回事　　163
"地狱之门"的火何时才会熄灭　　164

第十章　争议不断的神秘现象

"亚特兰蒂斯"真的存在吗　　166
百慕大三角其实是个弥天大谎　　167
水晶头骨是外星人的作品吗　　170
麦田怪圈是如何出现的　　171
"幽灵船"是怎么出现的　　172
"尼斯湖水怪"到底是什么　　174
真的有"大脚怪"吗　　176
"天使头发"到底是什么东西　　179
南极洲真的是UFO基地吗　　180
"长颈族"为什么戴那么多铜环　　181

第一章 古代帝王的难解谜团

图坦卡蒙是被谋杀的吗

图坦卡蒙是古埃及第十八王朝的第十二位法老，他是以宗教改革著称的法老阿蒙霍特普四世的儿子（一说侄子）。与雄才大略的父亲不同，图坦卡蒙9岁继位，19岁暴亡，几乎没有什么政绩。可是他却在3500余年之后成了最著名的法老。

原来在1922年，以英国考古学家霍华德·卡特为首的考古队经过不懈努力，终于使得图坦卡蒙的陵墓重见天日，其陵墓保存之完整、陪葬物品之奢华，震惊了世界。其中图坦卡蒙的金面具堪称世界上最精美的艺术珍品之一。此外，由于考古队中有人意外身亡，坊间又出现有关"法老的诅咒"的传言，更使图坦卡蒙的陵墓蒙上了一抹神秘色彩。

发现图坦卡蒙的棺椁后，考古学家很快开始了检查。图坦卡蒙的木乃伊被层层棺椁包围，最外面四层是镀金的木椁，最里面则是黄金打制而成。当揭开裹在木乃伊脸上的最后一层亚麻布时，人们惊讶地发现，这位法老死时非常年轻，还不满20岁。同时，在图坦卡蒙左耳垂附近有一处致命的创伤。这一发现自然使人们将他的早逝与谋杀联系起来。他是否是被谋害致死？如果是，那凶手是谁？史书上对此毫无记载。

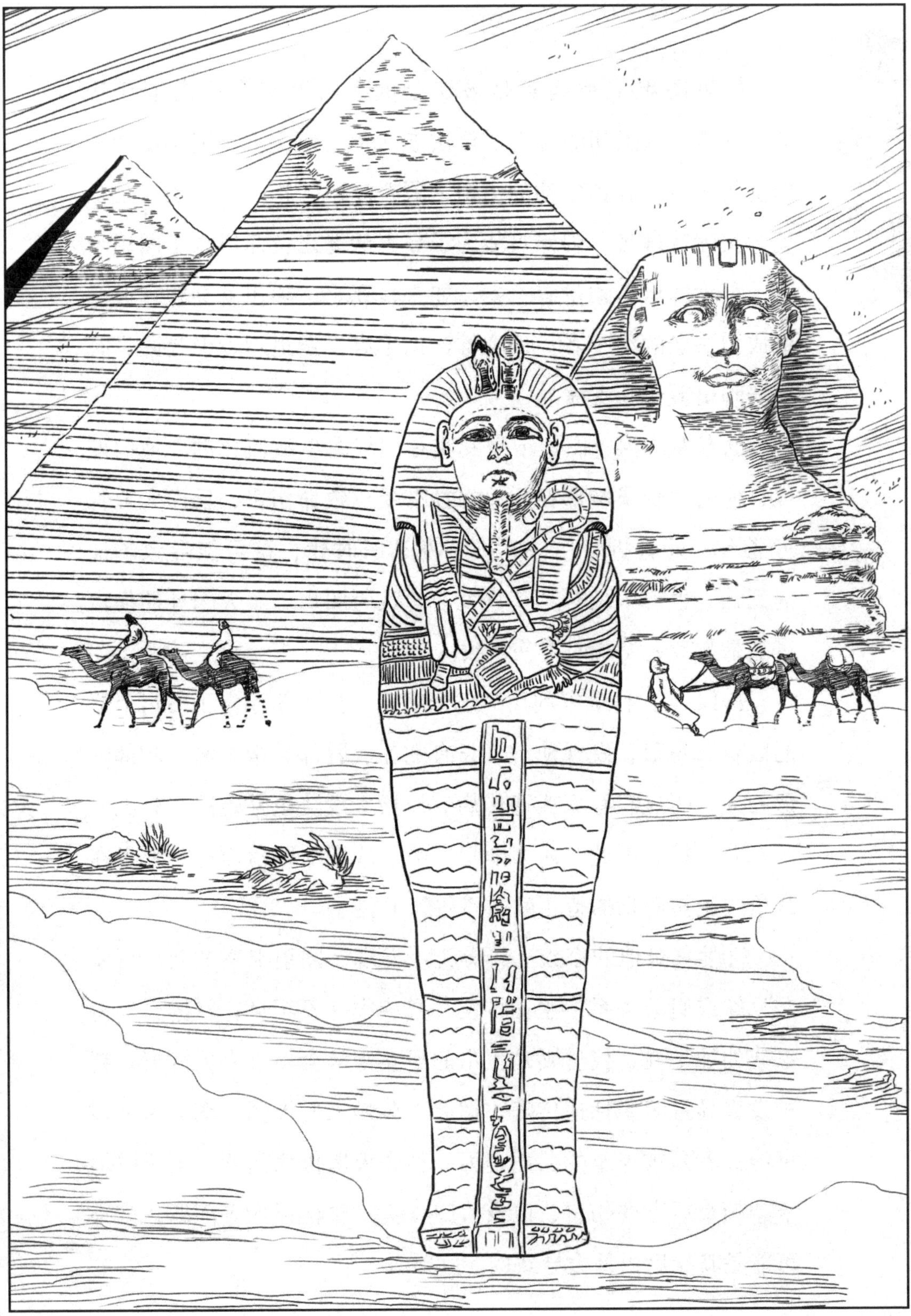

如果图坦卡蒙确实是被谋杀的，凶手首先指向继任法老——第十八王朝的第十三位法老阿伊。他原本是阿蒙霍特普四世的大臣，辅佐年幼的图坦卡蒙登基后，担任摄政王，是王朝的实际管理者。阿伊可能为了登上法老之位而谋杀了图坦卡蒙。因为图坦卡蒙没有子嗣，如果他死了，阿伊就会顺理成章地成为法老的继承者。这个推论似乎有一定道理，但是并没有证据和史料作为支撑。

也有人认为，图坦卡蒙其实是因战车事故而死的。他们发现，他的颅骨或胸部在生前并没有受过致命伤害，反而大腿骨可能有一处骨折。在医学极不发达的时代，这可能导致了他的死亡。也有人反对"车祸说"，认为图坦卡蒙大腿处的伤口可能是与敌人交战时受伤所致。

2014年，科学家利用"虚拟解剖"技术还原出了图坦卡蒙的面容和身形，发现他是个长有龅牙、臀部异常丰满、脚部畸形的人，明显患有家族遗传病。他根本没法正常走路，只能一直拄着拐杖。因此，认为图坦卡蒙从战车上跌落而摔死或者在战争中受伤而死的猜测就站不住脚了。

科学家对他的家族进行分析后发现，图坦卡蒙的父母可能是兄妹或姐弟关系，这在古埃及贵族中并不罕见，目的是保持家族的神圣性，代价则是生出的子女常常会出现先天畸形、精神发育异常等隐性遗传病。据此，科学家们推测，图坦卡蒙很可能并不是被谋杀的，而是因一种先天遗传病而死。至于图坦卡蒙颅骨后方的伤口，以及大腿骨折、脊柱损伤等问题，则很可能是其死后由外力导致的。

腓力二世是被儿子暗杀的吗

公元前336年的夏天，马其顿国王腓力二世的女儿克罗巴特拉的盛大婚礼正在马其顿王国旧都培拉的王宫内举行。在这个喜庆热闹的婚礼上，腓力二世没有携带武器，只穿了一身白袍。当他在宾客的簇拥下走到礼堂入口处时，突然，一个打扮成士兵模样的人冲了出来，拔出短剑就向他的胸前刺去，他还没来得及躲避就倒在了血泊中。婚礼的喜庆氛围瞬时被紧张和恐慌所取代，宾客们惊恐万分，王宫也是一片混乱。凶手刺杀成功后很快跃上早就准备好的马匹逃跑，然而因为野藤把马腿绊住而摔下马来，被追赶上来的人就地杀死。

后来经查证，凶手很年轻，也是个贵族，名叫鲍舍尼亚斯。据说他曾在受到国舅阿塔拉斯的侮辱后向国王腓力二世控诉，然而没有被理会。于是，鲍舍尼亚斯愤怒了，决定刺杀腓力二世。然而，事情真的是这样吗？

一种观点认为，腓力二世是被马其顿贵族密谋刺杀的，因为他继位后，采取了一系列改革，损害了他们的利益，因此他们密谋刺杀了他。

另一种观点认为，腓力二世前妻奥林匹娅斯是这场刺杀的

主谋，因为腓力二世与她离婚，并另娶了阿达拉斯将军的侄女克丽欧佩特拉，这也使他们的儿子亚历山大的王位继承权受到威胁，于是她怀恨在心，选择报复。

不过，也有史学家认为，腓力二世的儿子亚历山大与这场暗杀有很大关系。据说，在腓力二世与克丽欧佩特拉的婚礼上，阿塔拉斯祝酒说希望国王得到一个真正拥有马其顿血统的继承人（奥林匹娅斯是希腊人，因此亚历山大有一半希腊血统），这是对王储位置的直接挑衅。这话直接激怒了亚历山大，他将杯子砸向阿塔拉斯，大喊道："难道我不是合法继承人？"此后父子间矛盾加剧。后来卡利亚王国王储有意将女儿嫁给腓力二世的儿子，腓力却没有让大儿子亚历山大去迎亲，反而让他的弟弟去应婚，更是让亚历山大认为父亲不信任自己，要将王位留给别人。于是他派人劝说卡利亚王国王储放弃与他弟弟的联姻，说他弟弟有生理缺陷。此举令腓力二世大为光火，斥责了亚历山大，还放逐了他的几个朋友。不久之后，腓力二世就遇刺了。所以，亚历山大极有可能为了王位策划了这场谋杀行动。

然而，尽管人们对这场刺杀有诸多揣测、怀疑，但没有口供，刺杀腓力二世的主谋是谁，也就成了千古之谜。

腓力二世是一位杰出的君主，他的政治军事才能以及领导力都深深地影响了世界历史。他去世后，亚历山大继承了王位，即亚历山大大帝，他继续扩张，建立了一个横跨亚、欧、非的庞大帝国，影响了整个古代西方世界的历史进程。

亚历山大大帝为何暴卒

公元前323年，世界历史上著名的军事家和政治家、马其顿国王亚历山大大帝突然去世，年仅33岁。他正值壮年、精力充沛，为何会突然去世？

一些说法认为，他是死于疟疾。他长期在沼泽地与野人作战，可能染上了疟疾。

另一种说法认为，他是死于酒后感冒。在回到巴比伦后，他被美酒吸引，经常在宴会中狂饮。在一次盛大的宴会上，他一口气喝了很多酒，酩酊大醉，谁知晚上天气骤冷，他患了感冒，之后持续恶化，最终死亡。

另外，也有说法认为，他是死于荼毒和阴谋。据说在当日盛大的宴会上，曾经有人给他送了一服药，他正是吃了这服药才死去的。至于是谁毒死了他，有人认为幕后主使是他的老师亚里士多德，也有人说是他的爱将安缇帕特，还有人说是宴会的主办者麦蒂亚斯。不过种种说法并未得到史学家认同。

虽然亚历山大大帝的生命短暂，但他开创了西方历史上最辽阔的疆域，促进了东西方的交流，影响了世界历史。

斯巴达克斯为何突然率军南下

公元前73年，罗马爆发了世界古代史上最为壮阔的奴隶起义——由角斗士斯巴达克斯所领导的起义。起义很快席卷了整个意大利半岛，起义军屡次击退古罗马统治者的镇压，人数也很快增长到12万人。在斯巴达克斯的号召下，他们一路北上，打算翻过阿尔卑斯山，摆脱罗马军队的追击。

终于，起义军抵达阿尔卑斯山脚下的摩提那城。可是，他们却突然改变了主意，不再继续北上，而是掉头南下。之后他们与罗马军进行了激烈的战斗，损失惨重。公元前71年，起义军与罗马军在阿普里亚境内展开激战，最终六万起义军血洒疆场，斯巴达克斯与部下也英勇战死。有6000多名起义军被罗马人俘获，钉死在十字架上。还有一些起义军逃出重围，直到十几年后才彻底被罗马消灭。

为什么斯巴达克斯放弃原来的计划选择掉头南下？学者们做出了各种各样的解释。

有一种可能是阿尔卑斯山的自然条件太恶劣了。毕竟它平均海拔3000米，许多山峰终年积雪不化，山上气候也是变幻莫测。他们如此庞大的队伍，装备非常简陋，没有什么保暖的着装，给养也不足，想翻越阿尔卑斯山是十分困难的。所以，斯巴达克斯放弃了原来的计划，掉头向南。

还有一种可能是内部发生了分歧。之前他们就出现过一次分裂，因为起义军里不仅有来自北方色雷斯等地的人，还有许多罗马本地的破产农民。虽然来自北方色雷斯等地的人强烈希望回到故土，但在起义军里占相当比重的罗马本地农民却不愿意离开意大利，而是希望攻打罗马，然后在意大利自由地生活，比如副将克里克苏就坚持攻打罗马。结果是，副将克里克苏毅然率领自己的两万人出走了，然而不久后被罗马军队击败，克里克苏战死。此次南下，很可能是由内部分歧造成的。

也有看法认为，斯巴达克斯突然改变计划是被迫的。之前他制订北上计划，是因为敌强我弱，起义军很难与罗马军相抗。但北上过程中，起义军势如破竹，不断击败围追截堵的罗马军，使起义军声威大震、士气大涨。起义军被胜利冲昏了头脑，要求改变计划，进攻罗马。斯巴达克斯无奈之下只好决定挥师南下。

但究竟哪一个是促使斯巴达克斯改变了北上出境计划的真实原因，还有待进一步研究考证。

恺撒之死有哪些内幕

公元前44年3月15日，罗马帝国的奠基者、罗马共和国的终身独裁官盖乌斯·尤利乌斯·恺撒遭到60多名元老院成员暗杀，身中23刀而死，享年56岁。

恺撒的死因脉络清晰：他的权力越来越大，逐渐走向军事独裁，并有称帝的可能。那些怀念共和制的元老院成员不愿意看到这一天，于是组织了一个阴谋集团设计谋杀了恺撒，这60多人也在此后的3年内死于非命。

根据一些史料的描写，恺撒对这次阴谋并非毫无察觉。刺客们是用一封假的陈情书将他骗到元老院的，他的妻子卡尔普尼亚曾哭着劝他不要去，他的朋友阿尔提米多洛斯也曾将阴谋集团的一些情报交给他。恺撒一度想放弃去元老院，但是他的义子布鲁图斯花言巧语地劝说他前去。于是恺撒动身前往元老院，甚至都没来得及看一眼阿尔提米多洛斯的情报。

恺撒没想到的是，布鲁图斯竟然是阴谋集团的首脑，也是向他刺出致命一刀的人，于是他留下"还有你吗，布鲁图斯？"这句遗言后放弃了抵抗，一代传奇就这样落下了帷幕。

埃及艳后是怎么死的

埃及女王克娄巴特拉七世（公元前69年—公元前30年），又称"埃及艳后"，是古埃及托勒密王朝的最后一位法老。传说她美貌惊人，富于智慧。她的政治生涯充满了种种风流韵事，当时罗马帝国两位最伟大的人物恺撒和安东尼曾先后爱上她。

然而，公元前31年，在亚克兴海战中，她不知何故背弃了安东尼，带领60艘战舰逃命。后来安东尼战败，自杀身亡。克娄巴特拉也被屋大维俘获。在知道自己将作为战利品被带到罗马游街示众的消息后，她不想受辱，选择了自杀，死时不到40岁。女王的香消玉殒，令人感叹不已，也给她的传奇经历增添了一抹神秘色彩。她究竟是怎么死的呢？古今中外的史学家有种种猜测。

传统观点认为，逃到亚历山大城后，她就开始研究各种自杀的办法，搜集各种有毒的药物，希望死得既没有痛苦，又能维持体面的外表。在被俘后，她设法让一位农民带来一篮子无花果，里面藏有一条叫"阿斯普"的小毒蛇，她让毒蛇咬伤自己的手臂，昏迷而死。也有人说，女王早就在花瓶里养着毒蛇，之后她用一个金簪子刺伤它，激起它的怒火，将她的手

臂咬伤。

有人认为，女王并不是死于毒蛇，而是用一只空心锥子刺入自己的头部而死。

也有人不同意上面的说法，因为在她的尸体上找不到刺伤和咬伤的痕迹，墓堡里也没有发现毒蛇，因此认为她是服毒而死的。但有人考证说，墓堡是建在海边的沙滩上，朝向大海的一侧开有一扇窗户，毒蛇很可能是从窗户溜走的。另外，女王的御医曾认定，在女王的手臂上确实有两个疤痕。

还有人认为，女王是死于一场精心策划的政治谋杀。最大的嫌疑人便是当时战争的胜利者，后来成为奥古斯都大帝的屋大维。一方面，他野心勃勃，想让罗马吞并埃及，杀死她就是为了清扫障碍，佐证就是他杀死了女王和恺撒的私生子、埃及的合法国王恺撒里昂；另一方面，女王是屋大维亲姐姐的情敌和死敌，她与安东尼的结合，使屋大维的姐姐终日以泪洗面，使屋大维家族蒙羞，所以，他趁战乱之机谋杀了她。

女王的死因至今还是个谜。在她风流浪漫、惊心动魄的短暂人生中，她的机智果敢和深谋远虑，给埃及带来了较长时间的繁荣富足。她死后，古埃及历史上最后一个王朝随之结束，埃及沦为罗马的一个行省。

两千多年来，这位绝代佳人的故事经久不衰地流传，不知曾经激起多少人的好奇之心。

罗马大火是暴君尼禄放的吗

公元64年7月18日，一场空前的灾难降临在罗马人民头上：繁荣的罗马城内，圆形竞技场附近突然发生了一场可怕的火灾。雪上加霜的是，当时还刮着大风，火借着风势迅速蔓延。大火持续了数天，城里14个区仅有4个区保存下来，被烧的城区有3个区化为焦土，其他区大部分也只剩下断壁残垣。许多宏伟的宫殿、神庙和公共建筑都被大火摧毁；无数人在突如其来的大火中丧命，活下来的也失去了家园，只好露宿街头；许多艺术珍品、金银财宝、不朽的古老文献原稿遭到毁灭。是谁纵火烧了罗马城？古今史学家对此一直存有争议。

按当时流行的说法，大火竟是当时罗马帝国的皇帝尼禄下令放的。尼禄（公元37年—公元68年）17岁便被推上帝王之座。他杀弟弑母，杀害妻子，骄奢淫逸，滥杀无辜，是罗马历史上一个有名的暴君。但作为皇帝，他为什么要烧掉罗马城呢？

据说，罗马城里那些旧的建筑和曲折狭窄的旧街道很不招尼禄的喜欢，他想一把火烧掉这些旧建筑后，按自己的意愿建造一座新的舒服的城市。在罗马城变成一片火海时，他十分欣喜，高兴地穿上戏装，登上舞台（也有说法是花园的塔楼），

在七弦琴的伴奏下，一边欣赏罗马城陷入火海的可怕情景，一边情绪激昂地吟诵着有关古希腊特洛伊城毁灭的诗篇。大火过后，他趁机占有大片居民区，斥巨资在废墟上建造自己的"黄金之屋"——金宫。金宫里奢华无比，不仅遍布金堆石砌的宫廷建筑，还有林苑、湖泊、花园、浴场等，并且整个宫殿内部用黄金、宝石和珍珠装饰得金碧辉煌。他还在金宫的落成典礼上赞叹"这才是人应住的地方"。在罗马城内斗兽场的废墟旁，至今还有金宫的遗址。据说，他还想建立一座以他的名字命名的新首都。此外，为了趁火打劫，他还下令由公家负责运走尸体和垃圾，以此趁机搜刮罗马富豪家的财产。在当时，一些人发现火灾中有些人行为怪异，不仅威胁那些拼命救火的人，还公然到处投火把，这些人很可能就是尼禄的亲信。

还有人认为，尼禄自诩为一位伟大的艺术家，自童年起，他对绘画、雕塑、音乐都很感兴趣，热爱诗歌和艺术表演，经常举办一些聚会，还进行公开演出。他烧掉城市是为了欣赏大火的场面，创造伟大的艺术作品，或者是把大火中的罗马看作自己创作的一个伟大的艺术作品。

因此，由于尼禄名声恶劣及传闻中他在火灾前后的行为，许多史学家认定，罗马大火的罪魁祸首就是尼禄。如古罗马史学家塔西佗、苏埃托尼乌斯及加西阿斯都指控是尼禄纵火烧了罗马城，目的是为重建罗马城。

然而，尼禄是否烧毁了罗马城，史学界有着不同的看法。持否定观点的学者认为，火灾是偶然发生的，因为当时是7月中旬（7月18日），满月的日子，尼禄自诩艺术家，肯定不会在这个时候欣赏大火，毕竟在明亮的月光下，这个"艺术作品"不会有最佳的效果。不能因为尼禄这个皇帝品行恶劣，就将罗马城被烧毁的罪过算在他的头上。

而且，尼禄是个贪财的人，常常以莫须有的罪名掠夺他人的财产。烧毁罗马城会带来相当大的财产损失，他不一定愿意承受。就算他想建造新的宫殿，也没必要毁掉旧的。

其实，火灾发生后，为了平息罗马人的愤怒情绪，尼禄也曾下令抓捕纵火嫌疑犯。但根据一些史学家记载，这些"嫌疑犯"是一群因为作恶多端而受到憎恶的人，他们受到了最残酷的刑罚。虽然不清楚罗马的大火与他们有没有关系，但尼禄的暴行却让人无法相信他逮到了纵火者，反而更加怀疑他。

尼禄已矣，金宫还在。然而，罗马城的大火到底因何而起，是天灾还是人祸？至今没有答案。也许它会成为一个永远也解不开的谜，也许将来有一天，人们能找到新的线索，探明真相。

亚瑟王和圆桌骑士存在过吗

亚瑟王和他的圆桌骑士的故事动人心弦，在英国可谓家喻户晓。传说中的亚瑟王是个神话般的传奇人物。他拔出神剑，成为国王，在西罗马帝国撤离不列颠后，率领圆桌骑士统一了不列颠群岛，抵御了撒克逊人的入侵，被尊为"永恒之王"。在那张圆桌上，他与骑士们商讨国家事务，没有尊卑和地位的差别，大家都能自由发言。在亚瑟王的带领下，为了荣誉和正义，圆桌骑士们还进行了一系列英勇的冒险和战斗，比如寻找圣杯。据说最早的骑士行为准则和骑士精神就是在这时形成的。然而，也有人曾提出疑问，他们真的存在过吗？

虽然人们普遍认为，中世纪时期的文献中出现过这些传说中的人物，但目前并无确凿的历史证据证明他们真实存在过。尽管有一些早期的文献记载，但大多模糊不清。那些故事也存在很多神话和传说的因素，很可能是由文学作品改编而来的，不能作为确凿的历史证据。况且罗马帝国撤离不列颠后，不列颠局势混乱，纷争不断，很难想象会出现一个像亚瑟王这样的英雄人物统一不列颠。

阿提拉为何被称为"上帝之鞭"

在古代欧洲的历史上,阿提拉(公元406年—公元453年)是史学家无法回避的名字。作为古代匈奴民族最著名的首领,他使匈人帝国的版图达到了鼎盛。他曾两次率军远征巴尔干,派重兵围困东罗马帝国首都君士坦丁堡(今伊斯坦布尔),并深入西欧和意大利,兵临罗马城下。他的军队战斗力强大,势不可挡,给当时的欧洲文明带来了巨大的冲击和破坏,以致西方人将其称为"上帝之鞭",意为阿提拉就像上帝派来惩罚他们的鞭子一样。据说许多欧洲人甚至用阿提拉的名字来吓唬小孩,希望他们听话。

在公元453年,阿提拉在迎娶一位少女的婚宴当晚突然暴毙,可能与饮酒过多以致血管爆裂有关。在他死后,匈人帝国很快土崩瓦解,消失殆尽。

阿提拉对欧洲的历史影响极大,他发动的战争使西罗马帝国名存实亡,拉开了漫长的中世纪的序幕。

查理大帝的加冕是策划好的吗

公元800年12月25日，罗马城一个蛮族人的皇帝——查理（后世称查理大帝）居然被教皇加冕，成为"罗马人的皇帝"。然而，对于这次加冕，许多人却有不同看法。

有的人认为，查理没有想过要加冕称帝。比如给查理大帝作传的艾因哈德认为，查理之前对加冕一事毫不知情，也很反感，认为加冕会引起其他王国的不满，招来攻打。很多学者认同此看法，因为艾因哈德一生大部分时间都跟随查理左右，参与机要，深得宠信，他对查理的行为和宫廷内幕是比较了解的。但此种说法也让人怀疑，因为以查理的权势，如果他不愿意，教皇利奥三世应该不敢冒犯他。而且据说当时参加仪式的教徒也为加冕高声欢呼。

还有一种观点认为，查理确实无意加冕，这只是利奥三世的一厢情愿的报恩行为。因为之前他被推下教皇之位，是查理帮助他复位，并将反对者处以重刑。

不过，不管查理愿不愿意加冕，他实际上都成了古罗马帝国的合法继承人和基督教世界的保护者。

第二章 近现代当权者疑探云秘

拿破仑是被谋杀的吗

拿破仑·波拿巴是让欧洲各国君主闻风丧胆的法国皇帝，但在滑铁卢战役中兵败后，他就沦为囚犯，被软禁在大西洋上的英属殖民地圣赫勒拿岛上。1821年5月4日晚上，曾经不可一世的枭雄拿破仑与世长辞，时年52岁。

拿破仑的尸检结束后，对于他的死因，医生们没有达成一致看法，他们产生的唯一一个共识就是拿破仑的幽门处有溃疡。因此，关于拿破仑的死因，通常的说法是胃癌或者幽门癌，因为拿破仑的父亲就是死于幽门癌。

但是，有相当一部分人并不相信官方的验尸报告，他们认为英国人绝对在尸检中做了手脚。事后发现，英国人确实做了手脚。原来，一位尸检医生发现拿破仑的肝脏异常肿大，认为他也许是死于肝病。英国人害怕世人指责英国对拿破仑"蓄意迫害"，故意将他流放到这个气候恶劣、肝病多发的小岛上来，因此在验尸报告中删去了这一发现。

20世纪初，人们重新开始讨论拿破仑的死因。1955年秋天，一位牙医兼毒物学家发现拿破仑在其生命最后岁月里嗜睡与失眠交替出现，且伴有双脚浮肿、体毛脱落、肥胖、心悸以

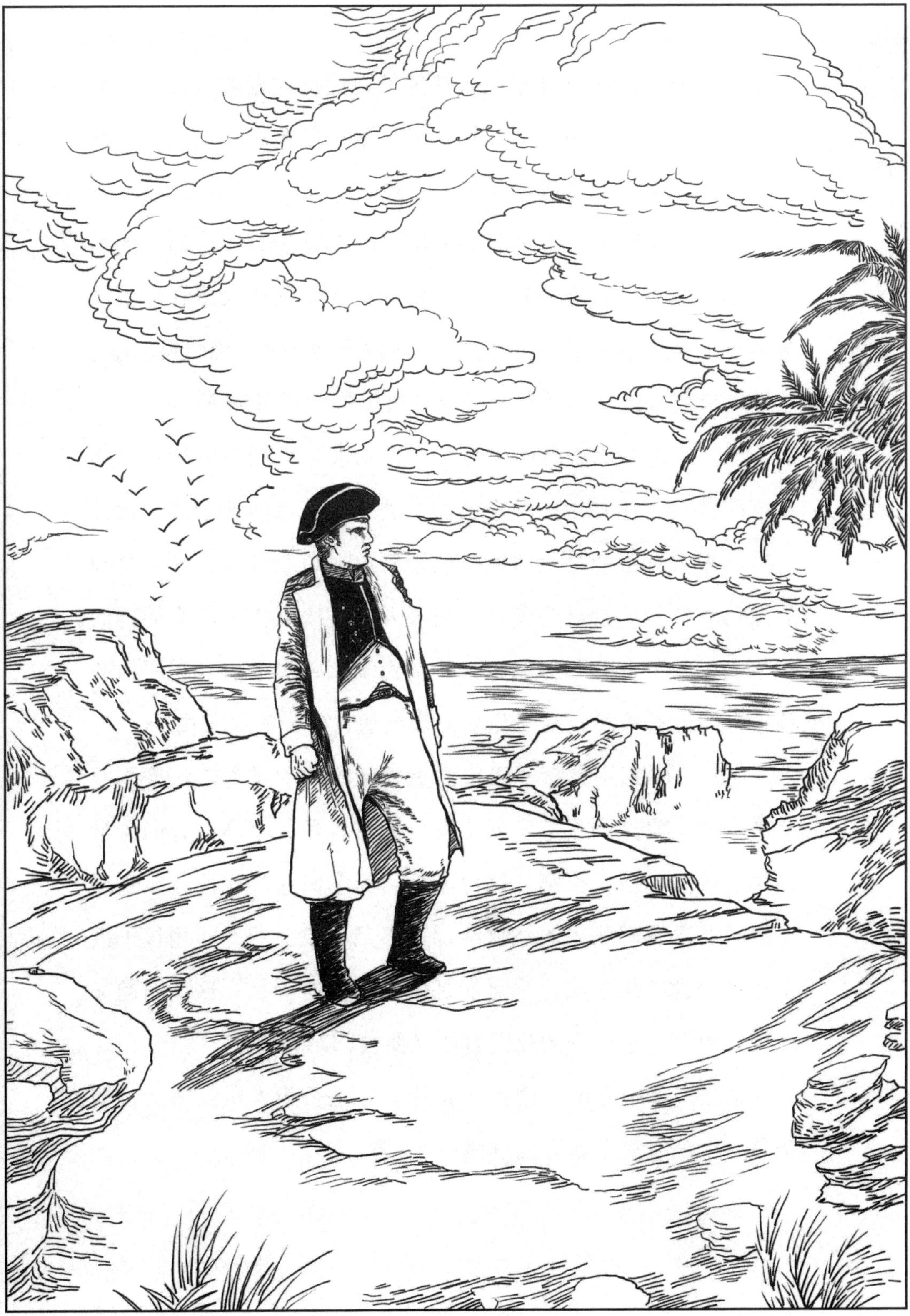

及牙根暴露等问题，这些症状都像是慢性砷中毒的表现。这位医生设法搞到了拿破仑的几根头发，用核子轰击法来测试，结果发现头发中砷的含量远远高于正常值。

经过反复研究，这名医生确信拿破仑是遭人投毒而死的，并认定拿破仑的心腹蒙托隆伯爵嫌疑最大。他认为蒙托隆伯爵被英国人收买，在拿破仑的葡萄酒中反复投放小剂量的砒霜（即三氧化二砷），使得拿破仑最终因慢性中毒而死。

不过，这一说法虽然流传甚广，却没有得到历史学家和科学家的赞同。还有历史学家认为拿破仑确实可能死于砷中毒，但砷的来源有可能是他居室里的墙纸。在那个时代，涂有含砷的绿色颜料的墙纸颇为流行，因吸入这类墙纸挥发出来的砷而不幸丧生的事例并不鲜见。这位历史学家曾对拿破仑居所内的墙纸专门做过检测，结果显示，墙纸的含砷量确实很高。

还有科学家用比核子轰击法更为精确的中子轰击法来测验拿破仑的头发，结果却发现头发里砷的含量并不高，锑的含量却相对较高。他们推测，这可能是因为拿破仑临死前几年服用了过量的含锑药物，不过这些锑是不足以致命的。而用核子轰击法测得含砷量过高，也可能是受到了锑的干扰。这下问题又回到了原点，拿破仑的死因可能又要被归结为胃癌。

总之，拿破仑的死因到底是什么，是否为人所谋杀，目前仍是一个没有完全解开的谜团。

伊丽莎白女王为何终身不嫁

伊丽莎白一世在 1558 年至 1603 年间统治着英国，这段时间也被称为英国的黄金时代：国内经济繁荣、政局稳固；国外掌握着海上霸权，在东方的势力也不断扩张。令人不解的是，这位取得无数辉煌成就的女王，却终身未嫁，有"童贞女王"之称。

伊丽莎白继位时正值妙龄，她风姿绰约、品貌皆优，引得欧洲大陆无数王公贵胄纷纷向她求婚。伊丽莎白几次三番地将婚事当作外交筹码，最终却一次次地拒绝了求婚。

有人认为，伊丽莎白不想结婚，与她的父亲亨利八世三次杀妻、六娶皇后的行为密切相关。她刚刚两岁，母亲就因"不忠"的罪名被亨利八世处死，给她造成了心理上的创伤，使她看透了皇室婚姻的血腥、虚伪。伊丽莎白的政敌则污蔑她是"一棵不结果的树"，认为她有生理缺陷，甚至是"阴阳人"。

另一些人则持相反意见，说女王曾有过私生子，她的情人也屡见记载，例如高大强壮、英俊潇洒的达德利勋爵就颇受女王青睐。总之，伊丽莎白女王的婚姻问题无论她在世时还是去世后，都是人们百思不得其解的谜题。

华盛顿为何不竞选美国第三任总统

乔治·华盛顿是"美国国父",他带领美国人民赢得了独立战争,摆脱了英国的殖民统治,又着手建立合众国政府,担任美国第一任总统。

1796年9月,华盛顿的第二个总统任期即将结束。当时的宪法对总统连任没有任何限制,许多人希望他继续担任总统。但是,华盛顿却发表了著名的《告别词》,决心卸任归乡。

有历史学家推测,华盛顿担心自己在日益激烈的党派斗争中越陷越深,因而不想继续当总统了。当时,美国第一次出现了激烈的党派斗争。华盛顿虽然一直想置身事外、保持中立,但他在第二任期内还是被当成了联邦党人。随着党派斗争的加剧,舆论也开始对华盛顿进行攻击,令华盛顿倍感压力。此外,也有人认为他是因为权力欲望淡薄或身体状况欠佳等原因才选择不竞选第三任总统。

不论如何,华盛顿拒绝连任,使得美国总统仅连任两次成为不成文的惯例,在第二次世界大战后被写入《美利坚合众国宪法修正案》。

亚历山大一世真的归隐了吗

亚历山大一世是俄罗斯帝国历史上的一位传奇君主。他在位期间，领导反法同盟击败了百战百胜的拿破仑，赢得"欧洲救世主"的美誉。而在国内，他任用奸臣、穷兵黩武，使得国家动乱不已。

看着一团糟的朝政，亚历山大一世的思想日益阴暗，开始笃信宗教、逃避现实。当时，莫斯科洪水泛滥，300多所房屋被大水冲毁，500多人丧生，他将这场天灾视为"上帝对自己的惩罚"。1825年9月，精神濒临崩溃的亚历山大一世到亚速海岸的塔甘罗格镇休养。那里偏僻荒凉、风沙不断，他选择那里作为休养地让人大感不解。不久，塔甘罗格镇传出令人震惊的消息：年仅47岁的亚历山大一世因病去世了。

丧礼还未结束，关于亚历山大一世死因的种种猜测就开始了。亚历山大一世左腿曾患丹毒，但尸检医生却发现遗体仅右腿有伤痕；尸体曾经进行防腐处理，却面目全非，似乎遭到了人为破坏；按照惯例，殡葬前要开启棺柩让臣民瞻仰沙皇的遗容，这个惯例也被打破；继任沙皇、亚历山大一世的弟弟尼古拉一世迅速焚毁了有关哥哥最后几年的绝大多数文件，似乎在

隐瞒什么……

种种异常现象，让人疑窦丛生，因此有人猜测亚历山大一世根本就没死，棺木中的尸体是他的替身，而他本人前往一个僻静之地过起了隐姓埋名的生活。

据传，就在亚历山大一世病逝十年后，在乌拉尔山区托木斯克地区的一个小村庄里，突然出现了一名仪表不俗、举止优雅的老人，名叫费奥多尔·库兹米奇。老人身材修长、肩膀宽阔、眸子呈浅蓝色，与亚历山大一世极为相似，但是不像亚历山大一世那样步履蹒跚。他的举止也酷似亚历山大一世，特别是将拇指插进腰带的这个小动作，跟亚历山大一世一模一样。

有一次，一个老兵见到费奥多尔·库兹米奇，失声高呼："这是我们的沙皇、我们的父亲亚历山大一世·帕夫洛维奇！"

费奥多尔·库兹米奇在87岁高龄时去世，墓碑上刻着"这里安葬着伟大的长老、上帝的选侯费奥多尔·库兹米奇"。"上帝的选侯"正是亚历山大一世击败拿破仑后获得的称号。据说沙皇亚历山大三世曾将费奥多尔·库兹米奇的画像挂在自己的办公室里。还有人研究过费奥多尔·库兹米奇留下的手迹，与亚历山大一世的笔触极为相似。

也有人认为费奥多尔·库兹米奇并不是亚历山大一世，这位沙皇确实在塔甘罗格镇去世了。不管怎么说，亚历山大一世之死确实称得上是一个让人费解的谜团。

林肯遇刺案有哪些未解谜团

亚伯拉罕·林肯是美国历史上的第十六任总统，他出身农民家庭，曾当过船员、种植园工人和土地测绘员等，后来通过多年自学成为一名律师，并当选了美国众议员。经过不懈的努力，他终于在52岁时当选美国总统。

林肯总统在任期间，最为人称道的成就是废除黑奴制度，并在南北战争中领导北方获得了胜利，维护了国家统一。1865年4月14日，南北战争刚刚结束几天，林肯在福特剧院观看歌剧时，不幸遭遇暗杀。

那天下午，林肯忙完正事，想和夫人及格兰特将军夫妇去福特剧院观看歌剧《我们美国的表兄弟》。由于格兰特将军夫妇去了新泽西州，林肯就邀请好友克拉拉和她的未婚夫一起观剧。

为了确保安全，林肯来到陆军部，要求陆军作战部部长斯特顿派陆军上校埃克特担任警卫。但是，斯特顿以埃克特当晚有任务为由，改派布莱恩担任警卫。

来到剧院后，林肯夫妇和客人们进入包厢，看得津津有味。不幸的是，一名枪手悄悄溜进林肯的包厢，对准他的后脑勺开

了一枪，林肯当场倒下。克拉拉的未婚夫试图抓住凶手，但被凶手用刀刺伤了肩膀。凶手跳下窗口逃跑，最终被警察围捕并击毙。林肯被送入医院，在次日因伤重不治去世。

后来调查得知，凶手名叫约翰·韦尔克斯·布斯，原本支持北方，但后来转而同情南方奴隶主，并不止一次扬言要干掉林肯以名垂青史。在他看来，林肯是美国的"暴君"，杀掉他是为了美国好。

虽然凶手的身份和行刺的动机、过程都已查明，但林肯遇刺案还是留下了许多谜团。最重要的就是警卫问题——凶手为何能绕过警卫潜入林肯的包厢行凶？被安排在凶手必经路上把守的警察，却宣称因为自己对看戏没有兴趣，躲到别的房间喝酒去了。此外，斯特顿宣称埃克特有任务，埃克特当晚其实一直待在家中，而布莱恩则一贯口碑不佳，却被指定为总统的警卫，令人不解。

凶手拒捕，警察其实是能够留下活口的，然而却当场击毙了，这让案件更加扑朔迷离。更令人疑惑的是，后来的缉拿报告却宣称"凶手自杀身亡"，这也是在撒谎。

1926年，林肯的儿子罗伯特·托德·林肯去世，据说他临终前焚毁了林肯生前的一些私人文件，并透露这些文件中可能隐藏着林肯内阁中有人犯有叛国罪的证据。这件事也引起了轩然大波，有人认为这些文件或许能够揭开林肯之死的秘密。

温莎公爵真的"不爱江山爱美人"吗

温莎公爵原名爱德华,身为英王乔治五世的长子,他一出生便被赋予了继承王位的重任,成为众人瞩目的王储。

1931年,命运的齿轮悄然转动。彼时还是王储的爱德华,在伦敦一场名流汇聚的宴会上,邂逅了离过两次婚的美国女子沃丽丝·沃菲尔德,也就是人们熟知的辛普森夫人。她身上独特的魅力,瞬间吸引了爱德华的目光,两人迅速坠入爱河,成为恋人。然而,这段感情从一开始便面临重重阻碍。乔治五世秉持着传统观念,坚决反对这段跨越阶层的恋情,教会也站出来发声,对他们的关系表示质疑。但爱德华心意已决,面对来自各方的压力,他从未有过丝毫妥协。

1936年,乔治五世与世长辞,爱德华顺理成章登上英国国王的宝座。满心欢喜的他,迫不及待地找到当时的首相鲍德温,提出想要与辛普森夫人结婚的想法。但现实再次给了他沉重一击,首相明确表示反对。英国国教长久以来秉持着不接受离婚和再婚的教义,民众们也深受传统观念影响,难以接受一位离过两次婚的女子成为王后。在那个时代,王室的一举一动都备

受关注,传统和舆论的压力如同一座大山,横亘在爱德华面前。

当爱德华八世清楚地意识到王位与爱情无法兼得时,他做出了一个震惊世界的决定:放弃王位。彼时,他在位还不到10个月,甚至都还没来得及举行加冕仪式。在签署退位诏书后,他毅然决然地与爱人一同前往法国。他的弟弟乔治六世继位后,封他为温莎公爵。

对于温莎公爵的惊人之举,各界猜测不断。有人认为他试图借这一行为冲击腐朽陈旧的君主制度;有人则认为他是深陷爱情,被辛普森夫人"洗脑",失去了理智;更有甚者,怀疑他们二人皆是纳粹的间谍,这段"爱情故事"背后隐藏着不可告人的秘密。

但无论外界如何猜测,温莎公爵还是与辛普森夫人携手走过了35年的幸福时光,他们的爱情历经岁月洗礼,始终坚如磐石。

希特勒真的没有死吗

第二次世界大战堪称人类历史上最沉重的灾难，造成全世界超过1亿人伤亡，深刻改变了人类的历史。作为这场战争的直接发动者，阿道夫·希特勒堪称"世界的罪人"。

1945年4月30日下午，柏林完全被苏军包围，希特勒的盟友墨索里尼已被枪决，希特勒的副手希姆莱正打算与同盟国谈判。失去了全部希望的希特勒，在德国总理府地下室开枪自杀，他的妻子爱娃·布劳恩服毒而死。侍从随即将二人的尸体浇上汽油焚化，埋进了一个炮弹坑。

据称，希特勒曾经秘密策划了一个"格陵兰逃亡行动"，计划乘坐水上飞机逃到北极的格陵兰岛，还准备了大量雪橇、帐篷和食品等物资。但是，当时柏林已被苏军重重围困，他根本无法脱身。无奈希特勒只能放弃了"格陵兰逃亡行动"，选择自我了断。

当苏军冲入柏林，准备抓捕希特勒时，只看到了他被烧焦的尸体，几乎无法辨认。于是，有关希特勒并没有死的传言开始散布开来，就连苏联统帅斯大林也对希特勒之死充满怀疑，屡次催促苏军验证希特勒的死讯。当时，希特勒的侍卫拉滕胡

贝尔、飞行员鲍尔、副官京舍、贴身仆从林格等都证实了希特勒的死亡，但依然没能让苏联人信服。

当时，那具焦尸是希特勒已死的一个关键证据，是希特勒的牙医认出了自己给他做的假牙，确认那具焦尸就是希特勒。1970年，苏军将希特勒夫妇的尸体彻底焚毁，骨灰抛入河中。但是，到了1972年，这名牙医却说自己并不能确定那就是希特勒的牙齿。此外，也有人提出了不少疑点：所谓希特勒开枪自尽时留在沙发上的血迹，只是红色的颜料；被认为是希特勒的尸体，血型与希特勒本人的血型不符；据称希特勒开枪前曾服毒，但尸体中未发现服毒痕迹，颅骨上也没有发现弹痕……

以上的说法未必都是事实，但许多人确实坚信希特勒还活着，以至于不断有人声称看到了希特勒，甚至说自己就是希特勒：有人说希特勒隐居在意大利的一个山洞里，有人说希特勒在阿尔卑斯山上当了牧人，有人说希特勒在英国阿伦岛上当渔夫……到了1989年，智利一座高山上的百岁老人还被怀疑是希特勒。直到2017年，还有一位自称已经128岁的阿根廷老人，宣称自己就是希特勒。但他的妻子很快站出来解释，她丈夫曾是纳粹党人，但晚年患上了阿尔茨海默病，才会幻想自己是希特勒。

实际上，起初希特勒的生死还事关纳粹的卷土重来，是一个颇为敏感的话题。时过境迁，纳粹的重来已经毫无可能，这个谜团也就仅是人们茶余饭后的谈资了。

"圣雄甘地"遇刺有何蹊跷

莫汉达斯·卡拉姆昌德·甘地是印度独立斗争中无可争议的领袖，他倡导对英国政府采取"不合作"态度，不接受英国职务、不向英国纳税、不在英国工厂工作、抵制英货等，并领导各地的罢工，沉重打击了英国的殖民统治，被奉为"圣雄"。

1947年8月，巴勒斯坦和印度先后宣布独立，甘地开始为平息印度教徒和伊斯兰教徒之间的冲突而斗争。1948年1月13日，甘地为抗议印度政府扣押本该分给巴勒斯坦的2亿多美元而进行绝食，最终迫使印度总理尼赫鲁将这笔钱还给了巴勒斯坦。没想到，此举却被极端印度教徒纳图拉姆·戈德森等视为叛教。

1月20日，戈德塞纠结了几个狂热分子来到甘地的比尔拉公寓，打算用炸弹炸死甘地，但没能接近他。10天后的下午，甘地主持例行的祈祷会。他从居所走向人群，戈德塞先是向他行礼，随后掏出手枪朝着甘地连射3枪。甘地当场身亡，享年79岁。

警方为何没有对甘地采取有力措施保护他？戈德森的背后是否还有黑手？这些问题至今仍令人感到疑惑。

肯尼迪遇刺还有哪些谜团

"不要问国家能为你做些什么，而要问你能为国家做什么。"这是美国第三十五届总统约翰·肯尼迪的名言。肯尼迪家族背景深厚，拥有显赫的经济实力和政治地位。他的父亲是一位驻外大使，而外祖父则是波士顿市的市长。肯尼迪毕业于哈佛大学，二战期间曾投身海军，战后投身政治。他风流倜傥、能言善辩、精力充沛、思维敏捷，还有着卓越的领导才能。

肯尼迪43岁时入主白宫，成为美国历史上第一位出生于20世纪的总统，也是最年轻的总统之一。他推行了一系列改革，最著名的要数"新边疆"开拓计划，试图解决美国社会面临的一系列内外问题。

不幸的是，他的雄心壮志因一场意外戛然而止。1963年11月22日，肯尼迪携夫人杰奎琳前往得克萨斯州达拉斯市进行访问，当地民众夹道欢迎。中午时分，当总统的车队行驶到迪利广场时，突然响起了几声枪响。敞篷轿车中的杰奎琳惊恐地回头望去，发现丈夫已经倒在了血泊之中。子弹击中了肯尼迪的后脑勺，他当场身亡，年仅46岁。他的离世留下了又一个未解之谜。

刺杀事件发生后，警察根据证人提供的线索，迅速逮捕了嫌疑人李·哈维·奥斯瓦尔德。他从一座图书馆的6楼用狙击枪射杀了肯尼迪总统。奥斯瓦尔德时年24岁，曾在美国海军陆战队服过役。他信仰共产主义，曾宣称要加入苏联国籍。他被捕后坚称自己是无辜的，并宣称有人暗中指使他进行了这次暗杀。更令人惊异的是，刺杀发生两天之后，奥斯瓦尔德将要转狱，当他在警察的簇拥下走向囚车时，突然被人在众目睽睽之下开枪击伤，无数美国人在电视机前目睹了这一画面。1个小时后，奥斯瓦尔德在医院中去世，临终前说："我只是替罪羊。"刺杀奥斯瓦尔德的是一个名叫杰克·鲁比的夜总会老板，他解释自己出于同情肯尼迪夫人的心理而杀死了枪杀她丈夫的凶手，但后来又说这个说法是律师授意的。

刺杀案发生两年后，该案件的调查委员会公布结果：刺杀肯尼迪的只有奥斯瓦尔德一个人，没有任何个人或团体的参与。一时间舆论哗然，几乎没人相信这个结论。人们众说纷纭，诞生了无数的阴谋论。例如，在一张路人拍摄的案发时的照片中，出现了一个酷似奥斯瓦尔德的人，他当时就站在人群中，似乎可以证明奥斯瓦尔德不是当时的枪手；还有记载说，杰克·鲁比曾想向法院说明真相，但没有被允许，不久他就因癌症死在了医院里。

有人统计，在刺杀案发生后的不到3个年头里，就有18名关键证人因各种原因死亡；后来的30年内，还有上百名有关人员因离奇事件而自杀或被谋杀。这更让人觉得肯尼迪刺杀

案不简单。

那么，流行的阴谋论有哪些呢？

最流行的当属"宫廷政变"说。肯尼迪与副总统林登·贝恩斯·约翰逊的不和人尽皆知。两人曾为当选民主党候选人进行激烈角逐，最后肯尼迪胜出。肯尼迪在总统竞选中获胜后，约翰逊的拥护者扬言肯尼迪活不到第一个任期结束。肯尼迪上任后，约翰逊就任副总统。有人认为两人面和心不和，而且肯尼迪打算在下一届的总统选举中不再让约翰逊当自己的竞选伙伴。因此，约翰逊铤而走险，与联邦调查局局长联手策划了这场刺杀事件。还有人声称，由于肯尼迪的经济政策影响了财团的利益，于是财团联合约翰逊实施了这场惊天阴谋。

还有人认为，黑手党与此案有关。因为黑手党曾为肯尼迪的竞选捐过巨款，肯尼迪当选后却大力调查黑手党。也有人宣称，境外势力要对此案负责，苏联的克格勃、南越总统吴庭艳的党羽、古巴领导人卡斯特罗等，都被一些人认为是幕后黑手，但都没有什么可信的证据。

如今，距离肯尼迪遇刺已经过去了几十年时间，依然有不同的阴谋论甚嚣尘上。根据美国政府规定，与肯尼迪遇刺案有关的大量重要文献和照片到2038年才会解密，届时此案的很多内幕可能会真相大白。

第三章 鲜为人知的名人秘事

苏格拉底为何被判死刑

苏格拉底是古希腊的哲学家，其思想与行为在当时极具影响力。公元前 399 年，他被雅典法庭判处死刑。这位哲人之所以被处死，主要是由于他对传统宗教观念以及政治权威提出了质疑。

苏格拉底被指控亵渎雅典的神灵，破坏传统的宗教信仰。他对当时流行的多神论信仰发起挑战，认为存在一种超越个体和宗教信仰的普遍真理。这种观点被视作对雅典宗教价值观的威胁，从而使他成为宗教当局的打击目标。

苏格拉底的批判性思维以及对权威的质疑也引发了政治界的不满。他常常质疑雅典的政治体制以及民主制度的有效性，主张政治家和统治者应更注重道德和正义。他的观点遭到当时政治精英的厌恶，他们把他看作是对权威的威胁和煽动者。

尽管苏格拉底最终走向了死亡，但他并未放弃自己的哲学信念。他深信真理的重要性，并以自己的死亡向人们展示他的思想。他宣称自己不会放弃对真理的追求，哪怕是面对死亡也依然如此。

圣女贞德为何被处死

贞德是法国的民族英雄，同时还被天主教会奉为"圣女"。英法百年战争时期，她指挥法国军队抵挡英军入侵，推动法国国王查理七世加冕，为法国的胜利立下了汗马功劳。但宗教裁判所却以"异端"和"女巫罪"将她活活烧死。一代巾帼英雄，为何会被自己的国家判处死刑呢？

英法战争后期，法国的勃艮第公国与英国狼狈为奸，一起对法国发起攻击。法国被打得节节败退，大片国土沦陷。巴黎落入英军之手，兰斯被勃艮第人掌控，奥尔良被英军围困，情况万分危急。当时的法王查理七世只有十几岁，地位岌岌可危。一方面，传闻称查理七世并非国王亲生儿子，而且查理七世的姐姐嫁给了英王，英王才应当继承法国王位；另一方面，国王必须到"王者之城"兰斯接受主教加冕才具有合法性。然而兰斯被勃艮第人控制，查理七世试图与勃艮第公爵和解以便加冕，却未能成功。

就在此时，农村少女贞德出现在殿前。她宣称是奉天主的旨意而来，有能力解除奥尔良之围，并且愿意护送查理七世前

往兰斯加冕。查理七世半信半疑，打算试探贞德一番，于是让一名贵族坐在自己的位子上，自己则藏身于人群之中观察贞德的反应。没想到，贞德一下子就认出了人群里的查理七世。这样一来，查理七世便完全相信了贞德，交给她一支军队，令她火速去解奥尔良之围。

贞德的武器十分独特，仅是一面旗帜。这面旗帜仿佛有令大军所向披靡的魔力：旗帜所指之处，就是法国大军的剑锋所向。奥尔良得以解围后，贞德声名远扬。不久，贞德又领兵攻克兰斯，大主教在贞德的见证下为查理七世举行了加冕礼。查理七世终于成为真正意义上的法国国王，有了自主决策的底气。可是，他与贞德之间的嫌隙却在不知不觉中产生了。

查理七世认为，贞德的存在威胁了自己的王位。毕竟，加冕仪式是在贞德的推动下才得以完成的，那么贞德是不是也可以假借天主的旨意，褫夺自己的王位呢？而查理七世的姐姐、英国王后盘算着剥夺查理七世的继承权，认为查理六世驾崩后应该由英王来继承法国王位，再借助英王的力量统治整个法国，然而贞德的行为让王后的期望化为泡影；法国贵族们则认为，一个本应在家操持家务的农村女孩，却在战场上声名远扬，这使贵族们颜面扫地，故而他们必定要将其除之而后快；法国教会也一致认为，贞德宣称是奉天主圣意行事，而教会是天主在人间的代表，贞德无疑是在挑战教会的权威。总而言之，英法两国的统治者和教会，都在逐渐将贞德视为"眼中钉、肉中刺"。

之后，在一场小规模战斗中，贞德被勃艮第人抓住。没有

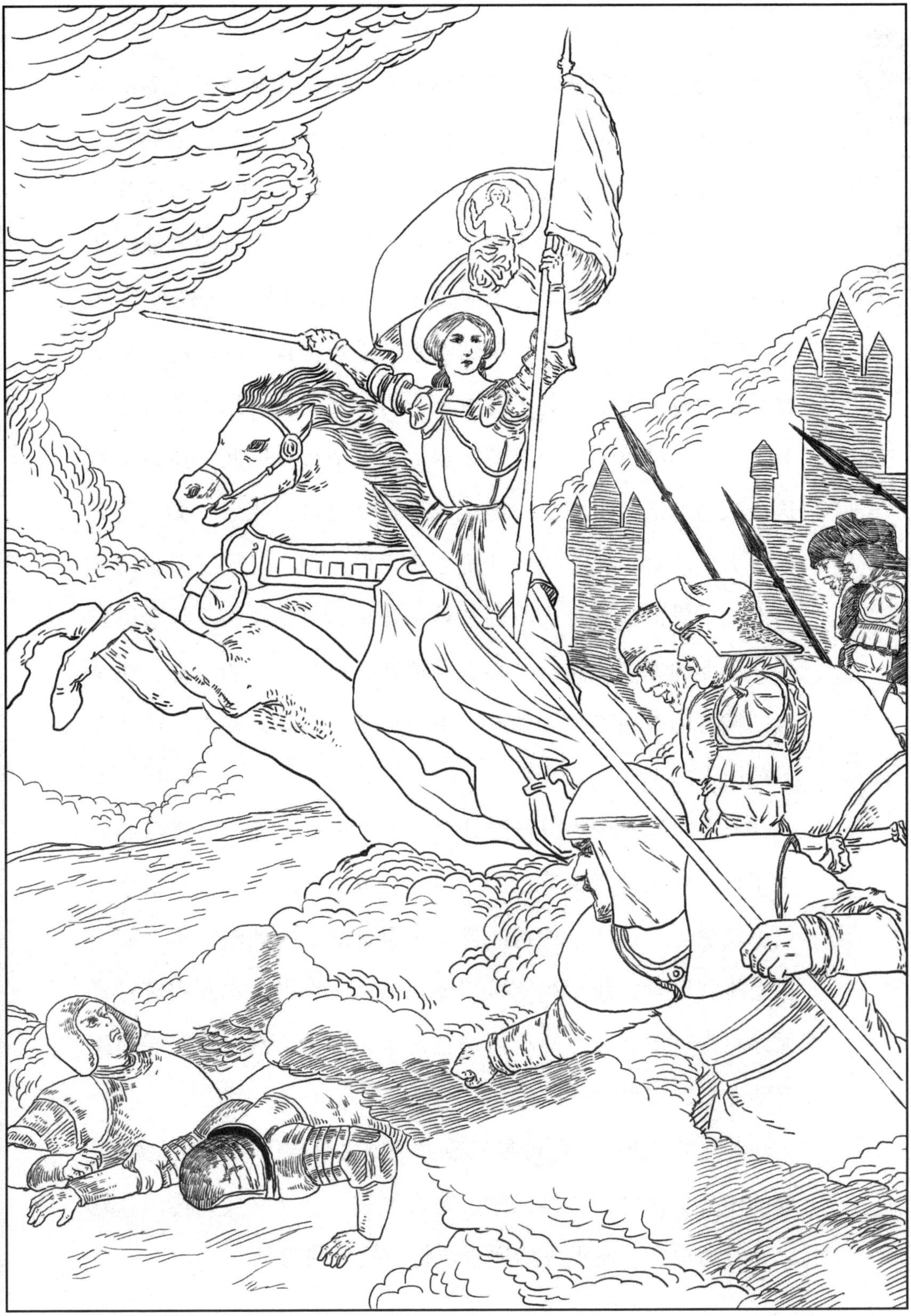

史实证明这是法国统治者设下的圈套，但法国统治者之后的表现却十分怪异：按照那时的旧例，被俘者的亲属只要缴纳一定数额的罚金，就可将其赎回。然而，贞德的父母都是穷苦的农民，根本拿不出这么多钱。民众们都盼着法国统治者能出钱拯救贞德，然而，直到贞德被处死，也不见他们有任何行动。

勃艮第人厌恶贞德，却又不愿亲手处决自己的同胞，遂把她高价卖给了英王。英王对贞德恨得咬牙切齿，原因是贞德以天主之名，将英军打得节节败退，士气消沉。因此，他必须趁这个机会设法打击贞德，绝不可以轻易让贞德死去。英王若直接将贞德杀害，虽能痛快地解心头之恨，却有可能点燃法国人的怒火，对他自己极为不利。英王觉得，要是让法国教会以异端和巫婆的罪名烧死她，那么贞德就不再是天主的化身，而是人人喊打的过街老鼠。如此，不但能予法国人以痛击，还能鼓舞英国人的士气。

于是，英王在法国巴黎寻得一位亲英的主教，并将任务交付于他。此人是靠着英王的支持才获取主教之位的，肯定会为英王卖命。就这样，他精心挑选出自己能掌控的陪审员，待一切安排就绪后，便开始审判贞德。然而，贞德在审判中应对得无懈可击。主教最终只得偷偷篡改审讯记录，然后用异端和巫婆的罪名，将贞德处以火刑。

贞德虽已逝去，但她早已成为法国文化与民族认同的象征。她的传奇事迹融入法国文学、艺术，被一代又一代人传颂。她以非凡的勇气，向世人传递着坚持与抗争的力量。

僧侣天海真的是明智光秀吗

日本战国时代，政治局势风云变幻，其间涌现出许多英雄豪杰。历史人物的生死成败向来是人们津津乐道的话题，明智十兵卫光秀发动本能寺之变，背叛主君织田信长，致使信长丧生，而他自己的生死也扑朔迷离。而明智光秀去世后，突然出现在历史舞台上的"黑衣宰相"天海僧正，更是被后人与明智光秀联系到了一起。天海僧正生前的行为以及去世后被发现的诸多秘密，仿佛都在佐证这一传闻。

明智光秀可谓是日本战国时期最令人捉摸不透的人物，他发动本能寺之变，一把火葬送了自己的主公——大枭雄织田信长。叛乱成功后不久，光秀就被丰臣秀吉打败，据记载，他在逃亡途中被杀。但究竟是谁杀了光秀，并没有详细记载，有说是当地乱民，有说是士兵，也有说是他自己切腹自杀的。

天海僧正是德川家康的首席智囊。在当权期间，天海全力打击丰臣家，对明智光秀昔日的领地和遗民却颇为照顾。打击丰臣家情有可原，毕竟德川家夺取天下最大的阻碍就是丰臣家。但照顾光秀的领地和遗民就难免让人觉得奇怪，这也使得市井传闻更像是确有其事。

天海僧正的身世和明智光秀一样充满谜团。他于何时何地出生，年轻时做过何事，甚至享年多少岁都难以考证。而关于天海僧正的首次历史记载是在1589年，也就是本能寺之变后的第七年，天海僧正投靠位于骏府的德川家康。这也让人不免怀疑，明智光秀被丰臣秀吉重创后并未死去。他休整了几年后，化名"天海"，重新入世搅动风云。

还有许多蛛丝马迹隐隐印证着天海与光秀的关联：在天海重建的天台宗寺里，居然供奉着光秀的妻子熙子以及明智一族。此外，比叡山的奉献石碑上也有光秀的名字，奉献时间是在光秀死后，而比叡山也是天海重建的。在天海督造的日光东照宫中，同样也出现了服饰上带有明智家桔梗纹的武将雕像。

另外，日本战国时期有使用影武者的习惯。影武者是指与主君容貌相似的替身，能够在关键时刻代替主君赴死。这不禁让人怀疑死去的是明智光秀的替身，而光秀本人则活了下来，成为天海僧正。

天海在光秀死后七年突然出现，且一出现就开始针对丰臣家，还对明智光秀的领地和遗民照顾有加，这些都让后人疑惑不解，使这个谜团从江户时代一直延续至今。许多以日本战国时代为背景的游戏与电视剧也以此为蓝本，演绎出一个又一个扣人心弦的故事。但由于日本战国相关的研究较为匮乏，光秀与天海的生卒之谜，只能期待更多史料的发掘。

巴士底狱中的"铁面人"是谁

1789年7月14日清晨，满腔怒火的巴黎市民把巴士底狱捣毁了。在监狱入口处，他们看到了一行字：囚犯号码64389000，铁面人。那么，"铁面人"到底是何方神圣呢？

法国著名思想家伏尔泰曾这样描述"铁面人"：他身材高大，举手投足都十分优雅，可脸上却戴着一副铁皮面具。在狱中，这个犯人可以依照自己的口味选择食物，始终穿着和其他囚犯不一样的华丽服饰，甚至还有专门的医生定期为他检查身体。他经常同监狱的看守闲谈，但从不提及自己的身世，即便有人悄悄询问，他也守口如瓶。

19世纪末，有人大胆推测这名囚犯是英国国王查理一世，声称查理一世并未命丧断头台，而是找了个替身。后来，查理到了法国，沦为路易十四的阶下囚。不过，路易十四将死里逃生的查理一世囚禁起来还优待他，其动机是什么呢？这显然是不合逻辑的。

有人觉得，铁面人是路易十四的生父。路易十三和王后安娜结婚后，长期处于分居状态。安娜与情人交往期间有了身孕，没多久就生下了路易十四。为隐瞒此事，王后的情人，也就是

路易十四的生父只能远走他乡。路易十四即位之后，生父悄悄回来向儿子索要赏赐。路易十四一方面担心丑闻被揭露，另一方面又不忍心杀害生父，于是给他戴上铁面罩藏在巴士底狱中，以便暗中照顾。

还有人认为铁面人是路易十四的宠臣富凯。富凯因侵吞公款被判终身流放，路易十四密令将其灭口。有人猜测，以路易十四对富凯的宠信，应该不忍心杀他。当时暴亡于流放途中的只是一个替死鬼，真正的富凯则被戴上铁面罩，一直关押在狱中。

法国历史学家托拜恩提出，铁面人是意大利的马基奥里伯爵。马基奥里是意大利曼图亚斯公爵的亲信。路易十四想用重金买下公爵领地内的卡赞列要塞，公爵便派马基奥里前往法国谈判。路易十四欲行贿赂，却遭到拒绝，马基奥里便把这件事悄悄告诉公爵夫人，谁料公爵夫人竟与路易十四有染，于是路易十四很快就知道了马基奥里的下落，把他变成了囚犯。

也有说法称铁面人是路易十四的双胞胎弟弟。一位王室的贴身男仆曾透露，路易十四有一个双胞胎兄弟。他们的父亲担心弟弟长大后会争夺王位，便把后出生的婴儿秘密送到一个贵族家中，待遇优厚地养大，但一直不告诉他真实身份。当他长大后，看到兄弟的画像，明白事情真相的一刹那，便立马被关押了起来，一辈子过着"铁面人"的生活。

总之，这个"铁面人"究竟是谁，恐怕要永远成为羊皮卷上的谜团之一了。

热爱生命的凡·高为何自杀

荷兰画家文森特·威廉·凡·高是19世纪杰出的画家之一。他的作品充满了生活激情与人道主义精神。

1890年7月27日，凡·高在麦田开枪自杀，场景与他笔下的《麦田群鸦》几乎一样。这样一位热衷于描绘生命之美的艺术家，为何会选择如此残酷的离世方式？

关于凡·高自杀的原因有几种猜测。有人觉得是经济贫困。凡·高一生穷困，靠弟弟接济，钱都用于绘画，作品却无人问津，他的近两千幅画作仅有一幅低价卖出。凡·高不堪打击又身患疾病，自杀似在情理之中。也有人认为凡·高长期饮用含岩柏酮的艾酒，其中的有害物质让他精神错乱，进而选择结束生命。还有人推断是凡·高的朋友高更所致，高更常嘲笑他的绘画，二人争吵后，凡·高割下自己的耳朵，甚至喝下松节油自杀，但未能成功。

其实，这些猜测都有可能是导致凡·高自杀的因素。他性格孤僻、人际关系不佳，作品不被认可，又饱受疾病折磨，这一切促使凡·高在恍惚中扣动扳机，最终倒在自己幻想的画面里。

天才牛顿竟终身未娶

牛顿堪称世界最伟大的科学家之一。然而，拥有大智慧的牛顿却至死都孤身一人。那么，牛顿为何一生未娶呢？

牛顿自幼沉默寡言，性格倔强怪异。上学后，他整日沉浸在自己的世界，一心扑在学习上，穿得邋里邋遢，对谈情说爱自然也是毫无兴趣。

除醉心科学外，牛顿的性格缺陷也阻碍了他收获爱情。他一直受狂躁症困扰，很难与人相处。1692年，50岁的牛顿患上了严重的迫害妄想症，出现了明显的精神错乱，这样的心理状态也使他晚年无法再寻觅另一半。

此外，牛顿也有可能受到了老师的影响。牛顿的几何光学老师贝若十分优秀，牛顿很崇拜他，老师也将牛顿视作自己的孩子。这位老师的童年经历与牛顿很相似，且终身未娶。牛顿或许受其影响，对婚姻持无所谓的态度。

当然，终身未婚的现象在当时的欧洲非常普遍。资料显示，英国詹姆斯四世时期，50岁以上妇女未婚率达25%，男子约20%；工业革命后，50岁以上人口未婚率始终保持在25%左右。因此在英国，牛顿终身未婚不足为奇。

普希金真的是为爱而死吗

1837年1月29日,"俄国诗歌的太阳"亚历山大·谢尔盖耶维奇·普希金去世,给人们留下无尽悲痛与惋惜。有人说普希金是为爱而死;也有人称沙皇嫉妒普希金的才华,设计将其杀害。那么,真相究竟是怎样的呢?

最广为人知的说法是普希金"为爱决斗"而逝世。结婚6年后,普希金的妻子娜塔丽娅与荷兰公使的干儿子丹特斯私通。为了妻子,普希金向丹特斯发起决斗,最终普希金落败身亡。

也有人称,普希金不会头脑发热到以生命为赌注与人决斗。专家在研究史料后推测:普希金死于一场阴谋。研究发现,沙皇曾问普希金,十二月党人起义时,若他在彼得堡会怎么做,普希金称会站在参政院广场的起义队伍中。后来,他写的《致西伯利亚囚徒》更引沙皇嫉恨。于是,沙皇设计让丹特斯追求娜塔丽娅,制造绯闻来毁掉普希金名誉,以此激怒普希金。

据说,娜塔丽娅曾跪地劝阻丈夫别去决斗,普希金却清醒地回应:"我不是为你去决斗的!"他是为维护人格尊严向丹特斯挑战,并非自寻死路。

尽管这些猜测有一定依据,但真相或许只有当事人清楚。

贝多芬是被酒害死的吗

天才往往要经历许多磨难,世界音乐史上伟大的音乐家贝多芬便是如此。他一生病痛缠身、饱受折磨。1827年3月26日下午5时30分,这颗音乐巨星陨落,给世人留下了无限遗憾。

人们大多认为,贝多芬死于严重酗酒引发的肝病。但英国一位医生对此提出异议,他认为贝多芬患有罕见的风湿病,由此引发肝炎,最终导致其死亡。

中国学者赵鑫珊在《贝多芬之魂》一书中提到:侄子卡尔是害死贝多芬的间接凶手。1826年12月1日,卡尔执意参军,贝多芬陪同上路,途中感染了严重风寒。回到维也纳时,贝多芬已时日无多。卡尔得知伯父卧床不起,却无动于衷。贝多芬先是患了严重的肺炎,后来发展成肝硬化,最终病逝。许多学者明确指出:实际上,贝多芬是被侄儿气死或逼死的。

也有人认为,耳聋与爱情失意让他身心重创、抑郁成疾。这位音乐家虽已离开了人世,但他留下的音乐依旧在人们心中回响。

"太空第一人"为何英年早逝

1961年4月，苏联宇航员尤里·阿列克谢耶维奇·加加林乘坐"东方1号"宇宙飞船环绕地球轨道飞行，这使得苏联在太空竞赛中率先取胜，加加林也因此被称作太空第一人。可仅仅过了7年，他就在一次常规的歼击机飞行训练中因坠机而丧生。加加林到底因何而死，飞机又为何会突然坠落呢？

1968年3月27日，莫斯科近郊，加加林与他的飞行教官弗拉基米尔·谢鲁金正在进行歼击机飞行训练。数分钟后，二人顺利完成当日飞行任务，地面机场调度员听到了加加林请求返航的声音，可转瞬之间，地面塔台就与加加林失去了联系。救援人员经过搜寻后发现，他们驾驶的飞机残骸坠落在森林里的一个深坑底部，两人都已丧生。

噩耗传来，"太空第一人"因飞机坠毁而遇难的消息令全世界为之震惊。苏联专门组建了特别事故调查委员会，对从事故现场找到的飞机残骸予以分析，最终调查人员得出结论：在与地面发生碰撞之前，飞机的所有系统均正常运转。一时间，关于飞机坠毁的原因众说纷纭。

有人觉得加加林从太空成功归来后逐渐堕落，变成了一个

酒鬼。飞机之所以失控，是因为两人在飞行时处于醉酒状态。据说，在事故发生的前两天，宇航培训中心政委过生日，加加林和谢列金都参加宴会，喝了两杯。但是在执行任务的前一天，这两人根本没有饮酒。并且官方公布的事故报告显示，两人的血液中都没有检测出酒精。

还有人认为飞机是撞上了一只气象气球才失事的。后来证实，确实有几只气象气球在失事地点被军方找到。然而，它们都是许多天前坠落的。而且，根据飞机碎片分析，如果飞机在空中与气象仪器相撞，飞机的破损程度会很严重。然而实际上，加加林的飞机至少在空中时还是完好的。

也有部分人猜测，加加林所遭遇的飞机失事乃是蓄意谋杀。检查坠机地点的专家发现，两名飞行员身边根本就没有降落伞，而且伞绳有被人用刀割断的痕迹。所以，是降落伞被人破坏，加加林和谢鲁金才失去了跳伞求生的机会。在这样的情形下，人们不禁猜疑，加加林是不是被勃列日涅夫政权谋害的呢？传言当时的苏联领导人勃列日涅夫嫉妒加加林的声望，所以下令将其杀害。然而，也有人对此表示质疑，因为坠机事件发生三天后，有村民在附近村庄看到了降落伞。原来是当地人发现坠机现场后，认为降落伞的伞布以后或许会有用，于是割断伞绳，偷走了降落伞。

总的来说，这起事故的起因依旧是谜团重重。

玛丽莲·梦露之死有哪些谜团

1962年8月5日，好莱坞明星玛丽莲·梦露被发现死于加利福尼亚州布伦特伍德公寓的床上，她脸朝下趴着，手中握着电话听筒，旁边有一瓶空的镇静剂。不久之后发布的一份毒理学报告表明，梦露摄入了致命剂量的急性毒药，官方判定其"极有可能自杀"。然而，55年过去了，关于梦露的死因依旧众说纷纭，各种各样的猜测层出不穷。

众所周知，梦露与肯尼迪家族的关系极为密切。关于她死因的最早的阴谋论之一便是罗伯特·F·肯尼迪派人杀害了她。从理论上讲，肯尼迪这么做可能是怕梦露会曝光他们的绯闻，从而影响自己的政治生涯和形象。据说，梦露有一本"小红皮书"，专门用来记录高度机密的谈话。1962年，弗兰克·A·卡佩尔在《玛丽莲·梦露的奇异之死》中首次提出这一观点，随后诺曼·梅勒在1973年的梦露传记中再次提及。

澳大利亚电影制作人菲利普·莫拉2007年发现了一份经修改的FBI文件，该文件暗示肯尼迪可能参与了"诱导"梦露自杀的阴谋。文件显示，梦露被注射了镇静剂后就被放任不管了。

2012年，有人暗示梦露是被黑社会头目山姆·吉安卡纳所害。缘由是这位黑帮老大逼迫银幕女神签订了她的第一份好莱坞合约，而作为报答，梦露引诱了黑帮企图敲诈勒索的权势之人。于是，5名黑手党杀手闯入梦露家中，将毛巾盖在她脸上，注射了镇静剂，之后把她带到卧室，营造出像是自杀的现场。当然，也有可能是肯尼迪家族中的某位成员雇佣这位黑帮老大除掉了梦露。

2015年，有报道称一位退休官员在临终前承认自己杀害了梦露，之后人们开始关注这一说法，但后来发现这是一场骗局。

还有一种更为离谱的猜测——梦露从肯尼迪口中得知了外星人的存在，打算将一切公之于众，最终却惹来杀身之祸。阴谋论者史蒂文·格里尔博士在纪录片《不承认》里提及了这个猜测，宣称梦露知晓1947年罗斯韦尔UFO在新墨西哥州坠毁一事。据说，肯尼迪曾对梦露讲，自己在一个秘密空军基地看到了来自外太空的事物。之后，梦露就表示要召开新闻发布会，把肯尼迪这句"枕边话"告知全世界，结果惨遭杀害。

梦露香消玉殒，给世人留下了无数谜团，还有许多故事至今仍不为人知。很多人或是出于娱乐心态，或是为了吸引眼球，竞相披露一些她去世前后的细节，但不管怎样，那个美丽性感的梦露终究无法再回到荧幕之中了。

第四章 世界文明的奇闻逸事

尼安德特人为何会消失

在遥远的过去，地球上曾生活过一些强壮而聪明的族群，比如，我们熟知的人类"表亲"——尼安德特人。尼安德特人生活在12万年前，他们的遗骸最早在德国莱茵省尼安德特河流域被发现，因此得名尼安德特人。多数人类学家将尼安德特人列为现代智人的一个亚种，并称其为尼安德特智人。从出土的颅骨看，他们的外貌特征与猿十分相似，下颌宽阔，牙齿巨大，眼睛上方额骨隆起，脑盖阔大呈拱形，但脑部体积容量与现代人差不多，有的甚至还要更大一些。在体型方面，他们粗壮结实，体格、身高与现代因纽特人差不多。

尼安德特人有的住在洞穴里，有的扎营而居，有的住在茅屋，有的搜集石头修筑简陋围墙，但大多数选择在动物迁徙的路线附近居住，这样他们能有充足的肉食供应。此外，他们还会捕鱼、捕鸟，进行大规模的狩猎活动，如利用悬崖将野马赶入绝境。相比直立猿人，尼安德特人先进得多。他们能制造比较精致的工具，比如他们使用的石器石片很薄，刀口锋利，能够剥下动物的皮毛。他们不仅会用火、借火、存火，还懂得如何人工取火。在尼安德特考古遗址，还发现了磨锐的兽牙、天然颜料等其他物品，说明他们还会制作装饰品。更令人觉得可贵的是，他们还懂得照顾弱者和病人，学会了埋葬去世的人。比如，人们曾发现一个尼安德特人在骨折后并没有很快死去，而是存活了一段时间，显然他是受到了同伴们的照顾；而在罗马的一个山洞里，人们发现一个尼安德特人的尸体，在他的头下放着石器，还有74件石制工具整齐地排列在他的周围，他的尸体上还铺着红色的氧化铁粉末。很显然，他是被精心安葬的，并且有陪葬品。尼安德特人的遗物显示，他们的寿命比更古老的直立猿人更长，可能有某种形式的宗教信仰。

种种迹象表明，尼安德特人的智力已经有较大的飞跃，会许多技能，有一定的社会组织。然而，在7万年前，尼安德特人却突然消失了，到底是为什么呢？

有些学者认为，尼安德特人的头盖骨越来越大，以致分娩越来越困难，最终导致灭绝。也有学者认为，尼安德特人在进化中被智人消灭了，比如不少尼安德特人的化石显示他们曾受过重伤，可能是与智人搏斗的痕迹。

有些学者则认为，尼安德特人结成小群体过群居生活，群内通婚。由于近亲交配，后代质量不断下降，群体不断退化，最终在生存斗争中处于劣势地位，被其他族群灭绝。

总的来说，很多学者认为尼安德特人灭绝了。不过，也有学者认为，尼安德特人并没有遭到灭绝，而是与其他人种杂交融合了。因为尼安德特人分布地域极广，数量众多，不可能被数量有限的智人完全消灭。很可能尼安德特人与智人通婚，

基因与智人融合，因此现代人的身上也有部分尼安德特人的特征。

还有观点认为，尼安德特人并没有灭绝，或与较近的人种杂交被同化，而是退居到了偏远的地区。比如，世界各地都有被现代文明抛弃的流浪者的传说。例如，在俄国的很多地方，有着名为阿尔玛斯的野人传说，尤其从高加索山脉到戈壁沙漠的一大片中亚广阔地带，有许多人曾声称看到过阿尔玛斯人。阿尔玛斯又称阿尔玛蒂，是个蒙古词，意思是猿人或猎人，传说中它们比一般猿猴聪明得多，难以接近。

1950年，据苏联科学院研究发现，在西伯利亚东北部一个酷寒荒僻的地方，有个名叫"丘丘拉"的野人群体。据说，这些野人说话音域极为狭窄，虽然可能是遗传突变的结果，但也与考古学家对于尼安德特人声带的研究结果不谋而合，说明他们可能是尼安德特人的后裔。而在20世纪初，一个俄国驻帕米尔高原的边防士兵曾追到一个野人，然后将其杀害了。他在描述这个野人时，屡屡出现"前额倾斜""眉毛粗浓""鼻子扁平""下颌阔大突出""中等高度"等字句，很符合尼安德特人的外貌特征。所以，这个士兵所杀害的实际上有可能就是尼安德特人的后裔。

尼安德特人究竟去了哪里？依然众说纷纭。科学家们依然在追寻着答案，相信在未来，人们一定可以解开这个谜团。

印第安人是如何到达美洲的

在"新大陆"被发现以前,印第安人已经在那里创造了辉煌的物质文明和精神文明。然而,他们也不是那里的"原住民"。比如,至今没有在美洲发现类人猿、猿人或早期智人的化石。所以,现在的人类学家、历史学家大多认为,印第安人也是美洲的外来移民。那么,印第安人的祖先来自哪里,在什么时间、通过什么路线进入美洲的呢?史学界目前存在很多种观点。总的来说,主要有以下几点:

"欧洲移民说"。有的学者认为,印第安人的祖先向北经过冰岛和格陵兰岛到达美洲;也有人认为,他们横渡大西洋后来到美洲;还有学者认为,他们是穿过乌拉尔山后经过西伯利亚到达美洲的,但此种说法遭到不少质疑。比如,印第安人在外貌上与欧洲人相差很大,格陵兰岛在数万年前覆盖着厚厚的一望无际的冰川,古人很难穿过它,等等。

"亚洲人南太平洋岛屿移入说"。这种观点认为,通过南太平洋的岛屿,亚洲人一步步接近美洲,最终抵达。不过,也有观点认为,印第安人的祖先是本就生活在南太平洋群岛的波利尼西亚人,他们后来通过南太平洋岛屿逐步进入美洲。

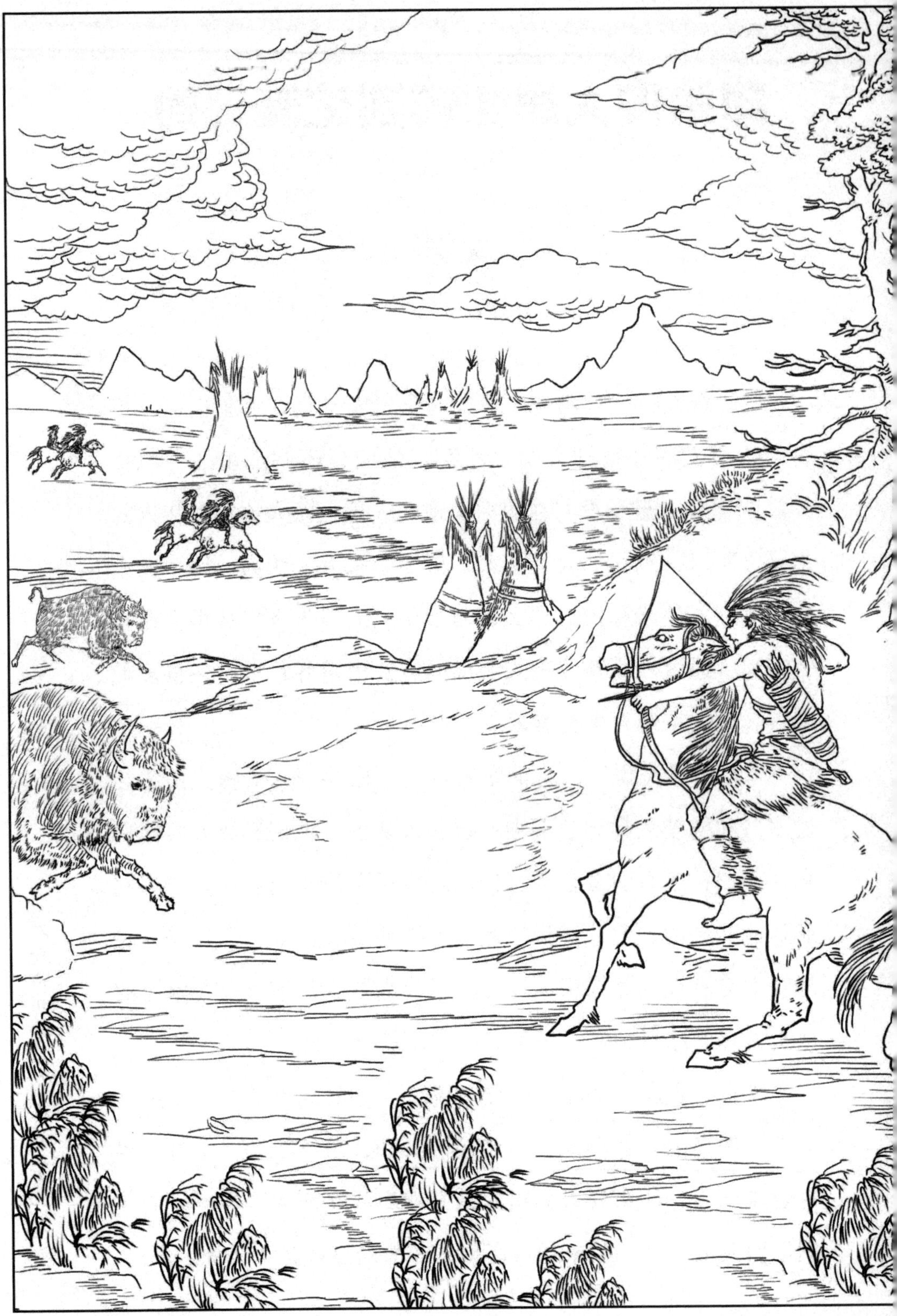

"非洲移民说"。这种观点认为，印第安人来自非洲，特别是马里人、努比亚人，他们横渡大西洋后到达美洲。不过由于证据不足以及过于荒诞，此种观点没有多少人认可。

"亚洲人白令海峡进入说"。这种观点认为，曾经由于海平面下降，白令海峡有些地方露出了海底，形成陆桥。蒙古人种的亚洲人便通过白令陆桥迁移到了美洲，然后渐渐由北向南扩散。近些年来，此种观点影响较大，较为广泛地被接受。而印第安人的外表特征与蒙古人、中国人、日本人、朝鲜人以及菲律宾人非常相似，考古也发现美洲大陆、东亚、东北亚的古文化有着内在的联系，似乎证明了印第安人起源于亚洲。

不过，近年来，考古发现印第安人与中国大陆有着千丝万缕的联系。如许多印第安人崇拜的羽蛇神与中国传统的龙很相像。因此，有学者提出了"华北人说"，认为印第安人的祖先是中国人。有的学者认为印第安人的祖先是殷人：武王伐纣后，武庚企图复国失败，殷商贵族纷纷出逃，结果逃到了美洲。

总的来说，印第安人到达美洲的路径是一个复杂的历史过程，有着多种猜测，相信未来的研究会进一步揭示更多的具体细节。

摩亨佐·达罗为什么会消失

历史上的失落文明总是让人充满好奇和想象，摩亨佐·达罗就是其中之一。

摩亨佐·达罗古城在今巴基斯坦的信德省，印度河流域。它可以追溯到4000多年以前，比夏朝还要古老，于1922年由印度的一位考古学家偶然发现。经考古发现，这个在历史上未被记载的古文明，城市的繁华程度令人叹为观止。比如，它有着类似于现代城市的卫生设施，有着700多口水井和先进的地下污水系统，还有著名的大浴池和粮仓。城里还发掘出大量的青铜器，说明摩亨佐·达罗人有着高超的工艺雕刻技术。他们还掌握了铅、锡、金、银等金属的加工工艺，能制作出精美的耳环、项链等首饰。他们还会制作精美的陶器，并在陶器上刻着美丽的图案。

然而，在3600年前的某一天，这座繁华的古城仿佛在一瞬间神秘地消失了，而且居民们几乎在同一时刻全部死亡。当它被考古学家发现时，只有满目疮痍和遍地骷髅。为什么会发生这样的事情？为何繁华的都城成了死亡之丘？

有学者认为，是一场特大洪水瞬间毁灭了摩亨佐·达罗，比如很有可能是印度河的改道使洪水瞬间淹没了古城。然而，城内出土的各种器具、生活用品等看不出这座城市曾被洪水侵袭和浸泡过，而且如果是发生了洪水，城里的人要么被水冲走，要么被卷送到一个集中的地方，而不是像后来发现的那样，分散在家里、街道、郊区。

有些学者则认为，是一场急性大瘟疫导致摩亨佐·达罗变成了死城。然而，无论什么样的瘟疫，从开始传染到人们纷纷死去，总会有个过程，而研究发现，这座城的人好像死于同一时刻，对他们的骨骼鉴定也并未发现他们死前曾染上重病。况且，他们死时的形态各异，有的像在做农活，有的像在嬉戏娱乐，不像染上瘟疫的样子。

此外，还有大地震说、生态平衡被破坏说、宇宙大气中的微粒爆炸说、侵略战争说，更有令人难以置信的核爆炸说……种种猜测层出不穷，但都难以成为确切的结论。也许有一天，经过不断探索和研究，这个失落的古文明消失的真相将重见天日。

古希腊的"陶片放逐法"是什么

"陶片放逐法"是由雅典政治家克里斯提尼于公元前510年创立,在古希腊雅典等城邦实施的一项政治制度。通过这项制度,雅典人可以把那些破坏国家民主制度,企图实行个人独裁的人逐出雅典。

在这项制度里,每个有投票资格的雅典公民都可以在陶片上写上那些不受欢迎人的名字来投票表决,如果某个人的票数超过了6000(约为雅典公民数的20%,是雅典通过重要政策的基础),那么就会被判逐出雅典10年(一说为5年,但在放逐期间随时可因城邦需要被召回)。被判放逐者不仅没有为自己辩护的权利,且需在10天内就处理好自己的事务,然后离开。在放逐期间,他的财产权、公民权都会被保留,回到城邦后即可自动恢复。

根据亚里士多德记载,第一个被"陶片放逐法"放逐的人是前雅典僭主庇西特拉图的亲戚。这一制度的应用到了后期并不频繁,且不足百年即废止了。

为什么说"白鹅拯救了罗马"

西方有句谚语"白鹅拯救了罗马",意思是说人们立国要有备无患,赏罚分明。这句谚语来自一个传奇故事。

公元前4世纪末,罗马实力强大,整个意大利中部都在它的统治之下,周围许多部落都臣服于它。然而,它西北方的高卢人是个例外。

公元前390年7月18日,强盛的罗马人遭到高卢人的重创。双方军队在离罗马不远的阿尼奥河畔交战,罗马人大败,只有一小部分士兵仓皇逃回罗马城,连城门也忘了关。他们从未遭受过这样的惨败。后来,为铭记历史,这一天被罗马人定为"国耻日"。

高卢人乘胜追击,向罗马城进攻。第一天,由于罗马的城门未关,高卢人还以为是个圈套,不敢轻举妄动。直到第二天,他们才进入罗马城,发现城里空旷无人,家家关门闭户,高卢人不费吹灰之力就攻陷了罗马。

原来,在罗马败军撤退到罗马城内后,一部分罗马人退入了罗马的城中之城——卡庇托林山冈,一部分罗马人撤出了罗马,去寻找援军;还有近百名年长的元老换上盛装,在广场

中央，准备以身殉城。

高卢人很快发现了那些元老，残暴地杀害了他们，随后开始抢劫和放火，经过几天的杀戮、抢劫和焚烧，罗马城成了废墟。

接下来，高卢人攻打卡庇托林山冈。然而，卡庇托林山冈陡峭险峻，四周都是悬崖峭壁，易守难攻。高卢人进攻了多次也没成功。于是他们改变战术，团团包围了山丘，想困死罗马人。然而，日子一天天过去，围困战术没起什么作用。

经过侦查，高卢人发现了同外界保持联系的小道。于是一天夜里，他们趁天黑沿着罗马人的路线向上攀爬。罗马人守军和他们的狗都没有发现动静。就在高卢人马上就要爬到山顶的时候，突然，一阵"嘎、嘎"的鹅叫声刺破万籁俱寂的夜空。这些白鹅是罗马人奉献给山神庙的。正是白鹅的叫声，惊醒了罗马人，他们迅速抓起武器，投入战斗，把正在攀爬逼近的高卢人打下了悬崖，守住了山岗阵地，使罗马人免受外族的奴役。

此后，高卢人对卡庇托林山冈进行了7个月的围困，但顽强的罗马人誓死不投降，坚守阵地，不让高卢人得逞。高卢人最后只好同罗马人议和，在索要了1000斤黄金的赎金后，撤离了罗马。

自此，"白鹅拯救了罗马"成了罗马人的谚语。为了纪念白鹅的功勋，古罗马人每年都要在一定的时间里，给白鹅精心装饰一番，抬着它游行。街上的人们见到白鹅，都向它欢呼致意。

罗马帝国是被铅消灭的吗

罗马帝国曾是世界最强大的帝国之一。它兴起于公元前9世纪初的意大利半岛，延续千年，创造了辉煌灿烂的古罗马文明，至今仍在影响着世界文明的发展。这样一个强盛的帝国却毁于"铅"之手？这是不是危言耸听？

早在2000多年前，古罗马人就已经掌握了土法炼铅技术，全球生产铅的第一个高峰期便是古罗马时期。随着铅的大规模开采，他们以拥有并可以使用铅为荣，对铅的使用达到了顶峰，将铅广泛应用于军事、建筑和生活的方方面面：

比如，古罗马人用铅制造了当时世界上最庞大、最先进的城市饮水系统，用铅浇筑各种物品和器皿，如酒具、厨具、餐具及各种容器，钱币、首饰、摆件、纪念品、玩具、屋顶甚至棺材，不一而足。当时盛行用铅制锅具反复熬煮葡萄汁，制成葡萄糖浆；用铅容器加热蜂蜜，认为可以止泻治病。一方面因为涂铅的器皿不像铜器那样容易产生令人厌恶的绿锈，另一方面由于制铅成本高昂，使用铅产品变成了贵族们炫耀自己财富的方式。

他们还将铅用于颜料、食品、化妆品、药品中。比如，在

葡萄汁中添加铅丹（四氧化三铅），以增色降酸。再比如，当时很多人追求美白，许多化妆品的面霜便以铅为原料（可产生醋酸铅，有美白效果）。而当时贵族、有钱人生活的腐败，妇女饮酒禁令的取消，都促使用铅在古罗马广泛流行。比如，大量食用铅容器加热或长期存放在铅容器中的酒、各种饮料、葡萄糖浆、蜜饯等。

考古显示，古罗马人的遗骸中含有大量的铅，远高于同时期的其他民族和现代人。如今，我们知道金属铅对于人体的危害，一旦铅中毒也会立即去治疗。但古罗马人既不了解铅的危害，也没有任何减少铅中毒的方法。积累在古罗马上层人士体内的铅，杀伤力是巨大的，不仅使古罗马上层阶层的文化和身体素质越来越差，人数也不断减少，统治集团日益衰落。

比如，妇女摄入的铅使她们很容易不孕不育、流产、早产，甚至诞下死胎，幸存的婴儿的大脑发育往往存在严重缺陷。据记载，在古罗马特洛伊贵族35名结婚的王公中，竟然有半数不育。其他人虽然能生育，但后代多为低能和失智。有资料显示，在公元前30年到公元220年期间，古罗马的30位皇帝和皇位篡夺者中，竟然有19位患有不同程度的智力低下或精神病症状。比如，卡利古拉（37—41在位）成年时是慢性酒精中毒患者，由于过度放纵和铅中毒，他智力衰退、身心衰竭，在位期间罗马帝国的统治急速衰落。

所以，科学家们认为，尽管古罗马的衰亡有外族入侵、内部矛盾等多种因素，但铅中毒也是其走向衰亡的重要原因。

玛雅文明真的那么超前吗

玛雅文明神秘又令人着迷，有着许多辉煌的成就，有些只能用不可思议来形容。那么，玛雅文明有多超前呢？

玛雅人在文字、数学、天文学上有着相当高的成就。他们拥有高度发达的抽象思维，数学计算系统和历法系统令人叹为观止。比如，早在公元前后，他们就创造了与古中国、古巴比伦、古埃及大致相同的表意文字。玛雅人发明了独特的二十进制数字系统，这种计数系统的容量超过现代人所用的单位，可精确地记下几千万年中的每一个日期，而这样复杂的计数方法，在如今也只有专业人员才能熟练使用。

在天文方面，玛雅人在当时就建造了观星天文台，与现在使用的天文台十分相似。他们发明了太阳历，计算出一年实际有365.243天，十分接近现在的365.2422天。他们还能准确预测日食，并计算出金星的运行时间，与现在用高科技手段观察和推算出的结果十分接近。而且他们当时就知道天王星和海王星的存在。

虽然玛雅文明的来源和兴起一直是个谜，但他们创造的灿烂文明，至今令人赞叹。

中世纪的黑死病是怎么产生的

14世纪中叶的欧洲，人们的生活极为悲惨，社会笼罩在黑死病的阴霾中。"黑死病"也称鼠疫，是一种鼠疫杆菌借助鼠蚤和跳蚤传播的烈性传染病，因患者常伴有淋巴结脓肿或皮肤出现黑斑而得名。人一旦染上，死亡速度极快。黑死病是怎么产生的呢？

据说，1346年，蒙古人为攻克热那亚城邦卡法，可能用投石机将死于瘟疫的人的尸体抛入城内，致使城里瘟疫横行，死人无数。城中有些意大利人侥幸活下来，纷纷乘船逃亡。1347年10月，有些意大利人来到地中海西西里岛的港口城市墨西拿。很快瘟疫就侵袭了整个西西里岛，随后四处扩散。那时候，欧洲城市卫生条件十分恶劣，大街小巷污秽遍地，可谓是瘟疫的温床。

一方面，黑死病给欧洲带来了巨大的损失；另一方面，黑死病也结束了欧洲的中世纪，催生了文艺复兴。

英国的"羊吃人"是怎么回事

所谓"羊吃人",指的是从 15 世纪末至 19 世纪中叶,发生在英国的圈地运动。一方面,它使英国积累了大量原始资本,促进了英国农业的发展和农村资本主义的兴起,为英国工业革命奠定了基础;另一方面,它是一种"血腥"的运动。

当时,由于毛纺织业迅速发展,对羊毛的需求剧增,英国羊毛价格不断上涨,养羊业变成了一种极为赚钱的行业。于是,大量农民耕地和公共用地被贵族封建主暴力占用,他们还用篱笆、栅栏、壕沟把这些土地连接起来,使之变成私有的牧场,放牧羊群。由于"圈地运动"是由养羊引起的,所以便被称为"羊吃人"运动。

"圈地运动"往往会毁坏整个村庄,使大量农民被迫失去土地,背井离乡,无以为生,他们有的成为资本家的廉价劳动力,有的则变为盗贼或乞丐。这种情况也激起了英国广大人民的反抗,如发生在英国东部诺福克郡的凯特起义。而那些通过圈地起家的贵族后来成了资产阶级化的新贵族。

下一次工业革命何时到来

人类历史上发生了三次工业革命，极大地改变了人类的生活。那么，第四次工业革命什么时候到来呢？

有人认为，第四次工业革命早已从 21 世纪初悄然开始，现在还在持续进行中。如机器学习、人工智能（AI）、云计算等技术不断取得突破，正将人类社会引向一个全新的智能化时代。

还有人认为，2024 年是第四次工业革命的元年。因为当前人工智能（AI）技术的快速发展和广泛运用，已成为驱动此次工业革命的核心力量。也有人认为，由于中国制造向中国智造全面转型，万物互联、5G 技术、人工智能等领域不断取得突破性进展，因此未来中国将爆发第四次工业革命。

可见，目前关于下一次工业革命何时到来并无确切定论。但可以肯定的是，随着科技的不断发展，它的到来不可避免，也将极大地改变人类社会的方方面面。所以，我们要积极做好准备，迎接这一历史性的变革。

第五章 科学发现背后的真相

布鲁诺为何会被烧死

1600年2月17日，意大利的罗马鲜花广场上人满为患，这里即将举行一场火刑。只见火刑柱上绑着一个一脸轻蔑的人，他丝毫没有因即将到来的死亡感到恐惧，反而高声宣称："真理终将战胜邪恶！""未来的世界会了解我，认识我的价值！"刽子手用木塞堵住了他的嘴，点燃了烈火，这个勇敢的人就这样葬身火海。

他的名字是乔尔丹诺·布鲁诺，是一位哲学家、数学家、天文学家。他被当时的教皇克雷芒八世安上的罪名是"顽固异端分子"，在经历了八年的监禁、折磨之后被烧死。而他传播的所谓的"异端邪说"中，就包括哥白尼的日心说。后世将布鲁诺视为捍卫科学的先驱者，很多人认为他是因为维护"日心说"而被烧死的。

有的学者认为，传播"日心说"并不是布鲁诺被烧死的主要原因。因为大致与布鲁诺同时代的科学家伽利略、开普勒等也宣扬"日心说"，但都没有被烧死。布鲁诺被烧死的真正原因与科学无关，而是他的哲学观——主张泛神论，挑战教会的权威。

伽利略做过比萨斜塔铁球实验吗

16世纪末的欧洲，古希腊哲学家、科学家亚里士多德是绝对的权威，谁敢质疑他就是质疑真理。但是，年轻的意大利数学教授伽利略·伽利雷却对亚里士多德的观点提出了质疑。

亚里士多德曾说过："两个铁球，一个10磅重，一个1磅重，同时从高处落下来，10磅重的一定先着地，速度是1磅重的10倍。"伽利略想到：倘若这一说法无误，那么把这两个铁球紧紧拴在一起时，下落速度快的那个铁球势必会被下落慢的所牵制，如此一来，速度理应比10磅重的铁球要慢；然而，换个角度看，拴在一块儿的这两个铁球能够被看作是一个11磅的整体，其下落速度应当比10磅重的铁球更快才对。这不是矛盾吗？

为了验证自己的理论，伽利略在比萨斜塔进行了一次公开的实验：他站在塔顶，一手拿着一个10磅重的铁球，一手拿着一个1磅重的铁球。实验开始，他同时松开了手，片刻后塔下人群发出惊呼，原来，两个铁球同时落地了，这一实验推翻了亚里士多德的观点。

以上这个故事流传已久，还被收入小学语文教材，在中国几乎家喻户晓。但是，现有资料无法证明伽利略做过比萨斜塔铁球实验。学者们翻遍了当时的档案资料，并没有找到任何相关记述。伽利略的确在一座塔上做过落体实验，但无法确定指的是不是比萨斜塔，现代科学界已不再将这个实验视为确凿的科学事实。

最早记载这个实验的，是伽利略的学生维维亚尼所著的《伽利略传》，1654年出版，此时伽利略已经过世十余年了。维维亚尼写道，为了推翻亚里士多德的观点，伽利略曾"当着其他许多大学讲师、哲学家及全体科学家的面，从比萨塔顶反复做实验加以证明"。学者通常认为这是学生对老师的美化或为追求可读性而虚构了这场实验。

随着研究的深入，学者基本论证出伽利略推翻亚里士多德观点使用的是"思想实验"，即通过计算、推演来证明自己的结论，这在伽利略晚年著作《关于两门新科学的对话》中有记载，他指出按照亚里士多德的理论，将大小两块石头（而不是铁球）绑在一起，结论就会自相矛盾，表明该理论不能成立。正如美国学者克劳普尔在《伟大的物理学家》一书中说的："虽然伽利略并没有在比萨斜塔上做过实验，但实质上他已经做了他应该做的事"。

进化论的另一个提出者是谁

说起改变人类对生命起源的认识的巨著,就不能不提到英国生物学家查尔斯·达尔文的《物种起源》。在该书中,达尔文首次提出自己的进化论观点,这是他多年实验、研究以及乘坐"贝格尔号"进行环球科学考察后得出的关于物种起源的观点,书中"物竞天择""适者生存""遗传变异"等观点都影响深远。

实际上,达尔文在1836年就完成了自己的环球考察,随后几年就有了自然选择学说的构想,但他迟迟没有动笔。直到1858年,他仅用短短一年时间就完成了这部具有划时代意义的著作。之所以会这样,与一个名叫阿尔弗雷德·拉塞尔·华莱士的年轻人有着直接关系。

华莱士家境贫寒,14岁就辍学担任测绘助手,在英国各地奔波,对各种动物、植物产生了浓厚的兴趣。1843年,华莱士被莱斯特大学聘为教师,教授制图、测量等,在学校图书馆里接触了达尔文的《贝格尔号航行期内的动物志》以及钱伯斯的《自然创造史的痕迹》等作品,让他对生物演化的探讨产生了浓厚兴趣,一心想亲自求证这个观点。

他曾到南美洲生活四年，收集了大量标本，写了很多笔记，但这些工作都因一场轮船火灾化为乌有。此后，他又到东南亚的马来群岛上生活了8年，其间对热带雨林进行多次考察，收集了十余万只鸟、甲虫等动物的标本，并独立总结出了进化论观点。

1856年，华莱士在《博物学记录》发表论文，初步表达了自己的进化论观点，但没有引起太大的关注。1858年，身在东南亚的华莱士给当时最负盛名的生物学家达尔文写信，并在信中附上自己的论文，阐述自己发现的自然淘汰原理，请达尔文提出意见。如果达尔文觉得这篇论文有价值，可以转交给著名地质学家莱尔。

达尔文读完之后非常困扰，因为这些理论与自己20年来的研究成果是如此的相似，难道自己毕生的心血就要白费，要放弃自己在这一理论领域内的优先权吗？以达尔文的地位，想要打压华莱士是非常简单的，但他出于对真理的尊重，放弃了发表自然选择法则的优先权，将论文转给了莱尔，并极力推荐这篇论文。

莱尔是达尔文的好朋友，他曾不止一次地建议达尔文尽早发表《物种起源》一书，但达尔文一直觉得自己的观点不够完善，因此迟迟没有完稿，没想到却被一个年轻人跑在了前面。莱尔建议达尔文跟华莱士联合发表论文，达尔文担心人们会说自己剽窃华莱士的观点，不过他有大量证据可以证实自己早已形成这些观点。

最终，达尔文将联合发表论文的想法告知华莱士，华莱士不仅没有拒绝，反而感到非常荣幸，觉得与自己的学术偶像一起发表论文是天大的荣幸。

1858年7月，专注于生物分类学研究的林奈学会公开宣读了华莱士的论文和达尔文的文件，并发表在当年的学报上。世人这才第一次听说了自然选择的观点，称它为"达尔文－华莱士学说"。

随后，达尔文快马加鞭，将自己的手稿进行压缩，尽快发表。华莱士原本打算著书将自己的观点阐述得更全面，听说达尔文正在撰写《物种起源》，表达了支持，因为他知道达尔文的书能更好地阐述进化论。

《物种起源》面世后，引起巨大轰动，华莱士第一时间读了这本书，达尔文果然没有让他失望，书中详细地列举了支持自然选择理论的客观证据，这是华莱士做不到的。

虽说华莱士的名声远没有达尔文那般人尽皆知，可他终究收获了与自身成就相称的荣耀，跻身当时科学界的佼佼者之列。林奈学会特意定制发行了专属奖章，将达尔文与华莱士的头像分别镌刻于正反两面，旨在嘉奖他们为进化生物学立下的卓越功勋。

爱迪生是第一个发明灯泡的人吗

在一般人心目中，灯泡是美国大发明家托马斯·阿尔瓦·爱迪生发明的。这似乎是一个常识，但这个常识长期以来却饱受争议。

有人认为，爱迪生并不是最早发明灯泡的人。这是因为在爱迪生同时期乃至更早的时候，有很多发明家都曾致力于灯泡的研究，并有很多不同种类的灯泡问世。早在1809年，英国化学家戴维就发明了世界上第一盏碳极弧光灯，但缺少合适电源，没有推广开来。直到1870年，真正能用于工业生产的格拉姆环式直流发电机问世，弧光灯开始得到较为广泛的应用。但是弧光灯需要频繁更换碳棒，效率较低。

1854年，德国发明家亨利·戈贝尔发明了在真空玻璃瓶中放入碳化竹丝的白炽灯，但没有申请专利。

1860年，英国发明家约瑟夫·斯旺研制出半真空碳丝电灯，但当时真空技术存在极大局限，他的电灯使用寿命极为短暂。但他持续对自身技术进行改进，最终在1878年获得了白炽灯专利权。斯旺的居所，是世界上第一个用电灯照明的私人住所。

但是，"灯泡发明者"的头衔为什么落到了爱迪生的头上呢？爱迪生的灯泡实验是在1879年获得成功的，据说他先是买下了尚不完善的灯泡专利，在一年多的时间里试验了6000多种材料，最终他用碳化的棉线做灯丝，灯泡稳定地亮了45个小时。后来，他又用碳化竹丝做灯丝，亮了上千个小时。

1880年1月，爱迪生的白炽灯专利获得批准。同年7月，马克沁的白炽灯专利也获得批准。爱迪生和马克沁对灯泡发明权的争夺开始了，双方进行了漫长的诉讼，最终以马克沁黯然离开美国来到英国而告终。在英国，马克沁发明了世界上首台真正意义上的全自动机枪，成为"自动武器之父"。

爱迪生虽然"战胜"了马克沁，但是斯旺又找上门来。斯旺控告爱迪生侵害了他的专利，并获得了胜诉。没想到，两人不打不相识，干脆把各自的电灯企业合并到一起，组成了一家由两人姓名合并在一起的"爱迪斯旺"公司，垄断了英国的灯泡生产。

总之，灯泡的发明其实是多名发明家的共同贡献，并不是爱迪生自己发明的，说是斯旺或戈贝尔发明的也有失偏颇，应该说是一系列发明进步的累积成果。

为什么说青霉素是偶然产物

青霉素是 20 世纪人类最伟大的发现之一，它的诞生是抗生素史上的里程碑，使过去的不治之症如败血病、肺炎、伤寒等，都得到了有效的抑制。

有趣的是，这个革命性的成就，其实是一个偶然产物。1922 年，英国细菌学家亚历山大·弗莱明发现人的眼泪和唾液里含有被称为溶菌酶的灭菌物质，于是开始长期对溶菌酶进行培养变异实验。1928 年，弗莱明一次外出度假归来，发现遗忘在阴暗角落的金黄色葡萄球菌的培养皿中长出了一些青色霉菌，而霉菌周围的金黄色葡萄球菌菌落神秘消失了。弗莱明立即开始培养这种青色霉菌，并将其命名为青霉素，又名盘尼西林。

最初这一发现没能引起重视，直到 10 年后，牛津大学的恩斯特·伯利斯·钱恩、霍华德·弗洛里意识到青霉素的巨大价值，共同进行青霉素的分离与纯化工作，这才让青霉素得到广泛应用，进而在战场上挽救了成千上万人的生命，并延长了人类寿命。1945 年，弗莱明、钱恩和弗洛里共同获得了诺贝尔生理学或医学奖。

长眠200多万年的青蛙是真是假

1946年7月，一位石油地质学家于墨西哥的石油矿床中，挖出了一只处于冬眠状态的青蛙。这只青蛙被埋在20米深的矿层里，刚被挖出来时，皮肤柔软且富有光泽，直至两天后才死去。地质学家对该矿床展开了科学测定，确认这个矿床是在200多万年前形成的。这只青蛙只能是在矿床形成之时就被埋进了矿层，绝无可能在矿床形成之后才进入其中。由此能够推断出，这只青蛙在矿层内被封存了200多万年，且一直没有死亡。

为何青蛙能够在矿层里冬眠长达200多万年，却依然存活呢？如此顽强的生命力，堪称生物史上的一个奇迹。为此，科学家们展开了长期的探索与研究。

许多生物学家表示，由于矿层里没有温差变化，青蛙才能够长期冬眠且不会死亡。生物学家经测定发现，当气温升高10℃时，青蛙的新陈代谢速度会加快2至3倍；而当气温降低10℃时，其代谢速度则会减缓至原来的三分之一。埋藏于矿层之中的青蛙，处于永久"恒温"的状态，对外界的一切刺激毫无感知。无论是天气的变化，晴雨交替、寒热更迭，还是春夏

秋冬四季的轮回变换，对它而言都没有什么影响。它几乎不进行新陈代谢，也几乎不消耗能量，故而能够长期不吃东西却不会死亡。

美国明尼苏达大学的苏米博士曾开展过多次试验。他选取了几只即将进入冬眠状态的蛙，对它们进行降温处理。结果发现，这些青蛙在 -6℃的环境里生活一周后再解冻，竟能恢复活动能力。此时，苏米博士取出蛙的肌肉并检查其成分，发现其中存在甘油。他在《科学》杂志上发文指出，钻入地下冬眠的蛙类之所以能够存活而不死亡，是因为它们在冬眠期间体内会自然形成甘油。

还有些科学家认为，上述解释尚不充分。青蛙为何能在矿层里冬眠200多万年而不死亡，至今依旧是未解的生物之谜。伴随生物科学的飞速发展，这个谜团必定会被解开。

金星上真的存在城垣吗

20世纪80年代，美国"麦哲伦号"探测器发回照片，显示金星有2万座呈"三角锥"金字塔状的建筑，它们没有门窗，出入口可能在地下。两万座金字塔排成大马车轮形，圆心是大城市，辐射状大道连接周围的小城市。

1989年1月，苏联发射了一枚可穿透浓密大气进行扫描的探测器，也发现金星上存在2万座城垣。

起初，人们不敢断定这是城垣，觉得可能是探测器故障或大气层干扰形成的海市蜃楼幻象。

科学家推测，金星也许曾有过智能生物的存在。后来，由于金星大气中二氧化碳增多，温室效应加剧，导致水蒸气散失，环境便不再适合生物生存。

迄今为止，人们在月球、金星、火星甚至离太阳最近的水星表面都发现了文明活动的遗迹与遗踪。由此，科学家们提出了一个有趣的猜想：地球并非太阳系文明的起点，而是终点。

倒塌的金星城市究竟藏着什么秘密？实在难以捉摸。科学家们也在不断努力，争取早日解开外星文明的谜团。

海森堡是故意不为德国制造原子弹吗

1945年8月，美国在日本投下了两颗原子弹，其巨大的破坏力，促使日本宣布无条件投降，也推动了第二次世界大战的结束。

原子弹的威力，引得世人后怕不已：如果首个掌握原子弹的国家不是美国，而是纳粹德国，那么世界会变成什么样？事实上，当时德国的确正在研发原子弹，而且完全具备条件。那么，德国为何没能造出原子弹呢？

战后，德国核武器计划的负责人、著名物理学家沃纳·海森堡是这么解释的：他出于对人类未来的考虑，故意为纳粹制造原子弹设置了重重障碍，因此纳粹才没能造出原子弹。海森堡还声称，自己曾在1941年访问了自己的老师尼尔斯·玻尔，让他不要为纳粹造核武器。

但是，这个说法遭到了不少人的反对，认为他是能力不足才未能成功。而他访问玻尔的目的是劝玻尔帮助纳粹造核武器。现在看来，真相只能是上述两种说法中的一个，至于是哪一个，恐怕很难再找到答案了。

通向大海的四万个台阶是如何形成的

在古老的传说中，流传着这样一个神话故事：爱尔兰有一位巨人叫麦科尔，他精心砌筑了一条道路，这条路从他位于爱尔兰北部的家门口出发，径直穿过浩瀚的大西洋，一直延伸到他的死敌——苏格兰巨人芬哥尔所在的赫布里底群岛。然而，狡猾的芬哥尔先发制人，在麦科尔还没来得及行动时，就抢先一步来到了爱尔兰。麦科尔的妻子聪慧过人，她机智地哄骗芬哥尔，说正在熟睡的麦科尔是她尚在襁褓中的儿子。芬哥尔听后，心中惊恐不已，暗自思索：这襁褓中的儿子身形都如此巨大，那他的父亲肯定更加高大威猛。于是，他慌慌张张地逃到了海边安全之处，还把自己走过的路拆毁了，让这条砌好的道路再也无法使用。

今天，在爱尔兰北部海岸的贾恩茨考斯韦角，我们可以目睹数以万计的多角形桩柱，据说那是巨人麦科尔亲手砌筑而成的"神迹"。这些桩柱大多高达6米，相互拼接，宛如蜂巢一般，构成了一道径直伸向大海的阶梯。从高空俯瞰，这砌道精美得就像人工修筑的一样，沿着270多千米长的海岸，一路向

北延伸至大西洋。这些在大海之滨傲然屹立了数千万年的岩层，凭借其整齐有序的排列组合与鬼斧神工的造型，让无数游人惊叹不已。

贾恩茨考斯韦角的桩柱能够划分为大砌道、中砌道和小砌道三组，人们饶有兴致地为这些桩柱取了一些稀奇古怪的名字，比如"烟囱顶"以及"哈米尔通神座"观景台。

早在17世纪，学者们便对它的起源展开了研究，"巨人之路"及其周边海岸也逐渐发展成了科学家们频繁到访的地质学研究宝地。先抛开传说不论，对于这条砌道究竟是如何形成的，存在着多种认知。曾有观点认为，这些桩柱是由海水中的矿物沉积而成。

如今，绝大多数地质学家都认定砌道的形成源于火山活动。大约在5000万年前，爱尔兰北部与苏格兰西部的火山活动极为活跃，从火山口喷发而出的熔岩在冷却后逐渐僵硬，而新的火山爆发之后，又会有另一层熔岩覆盖其上。熔岩覆盖在已硬化的玄武岩层上，冷却的速度十分缓慢，收缩过程也相当均匀。熔岩的化学成分使得冷却层所受的压力能够均匀地分布在中心点周围，进而将熔岩拉扯开来，最终形成了规则的六角形。

这个过程仅发生一次，熔岩的基本形状便得以确定，随后便反复构建出六角形。冷却进程蔓延至整片玄武岩区域，如此一来，一连串的六角形桩柱便接连出现了。在最先冷却的最顶层，熔岩发生收缩，裂成规整的菱形。随着冷却与收缩持续推进，表面的裂缝向下延伸至整片熔岩，整片岩层就此分裂为直立的桩柱。历经千万年，坚硬的玄武岩柱不断遭受海洋的侵蚀，最终呈现出高低错落的形态。石柱的颜色会受到冷却速度的影响，石柱内的热能逐渐消散后，石头开始氧化，颜色先是由红变为褐色，接着转为灰色，最后变成黑色。不过，地质学家的这一观点仍有待进一步考证。

贾恩茨考斯韦角那四万级台阶，究竟是巨人麦科尔留下的"神迹"，还是火山活动形成的地质奇观，至今仍未有定论。不管最终的答案是什么，这通向大海的四万级台阶，无疑是大自然赐予人类的宝贵礼物。它以独特的造型，吸引着来自四面八方的游客，也点燃了学者们探索的热情。在未来的日子里，它会永远静静地矗立于海岸，见证着岁月与文明的变迁。

人类消灭的第一个传染病是什么

说起人类历史上死亡率最高的烈性传染病,天花可谓当仁不让。据统计,仅在20世纪,天花就造成3~5亿人死亡。

天花是地球上最古老的传染病之一,公元前1156年去世的埃及法老拉美西斯五世的木乃伊上,就留有天花治愈后的疤痕。天花传染性极强,16~18世纪,欧洲每年都有大约50万人死于天花。大约在东汉时期,天花传入我国。清朝皇帝康熙就因为少年时得过天花并活了下来,才被选为继承人。

在防治天花的历史上,中国古代做出了很大的贡献。早在宋朝,中国医生就掌握了把天花痊愈病人的结痂部位碾成粉末,让患者吸入后主动得一场轻度天花,换来终生对天花的免疫,这就是人痘法。1796年,英国医生爱德华·琴纳在中国种痘法基础上,发明了更安全、更有效的牛痘法。至此,人类开始了消灭天花的征程。

1958年,世界卫生组织计划在全球范围内消灭天花,大约两年后,中国就消灭了天花。1980年,世界卫生组织宣布天花已被消灭。

第六章

文学艺术的趣味秘闻

罗塞达石碑为何那么著名

如今，不管什么时候走进大英博物馆的埃及馆，都会看到里面人山人海。埃及馆大门正对着一块黑乎乎的石头，旁边总是围满了拍照的人。这块石头到底因何闻名？

这块看起来普普通通的石碑叫罗塞达石碑，上面刻着同一段内容的不同文字版本——古希腊文字、古埃及文字和当时的通俗体文字。近代的考古学家因此得以对照各语言版本的内容，解读出了埃及象形文字的结构与意义。要知道，古埃及文字已经失传千余年了。这块石碑也成为如今研究古埃及历史的重要里程碑。

人们之所以认为四大文明古国里有三个已经灭亡，是由于这三个文明古国的文字都失传了，现代人基本上很难理解这些古国的文字。而中华文明未曾失传，关键就在于汉字一直在传承。要灭亡一个文明，只要消灭这个文明的文字，文明就难以传承延续下去。

就是这样一块其貌不扬的石碑，帮助考古学者重新解读了一个已经消亡的文明的文字，成为拯救古埃及文明的关键。罗塞达石碑作为大英博物馆的"镇馆之宝"，确实是名不虚传。

楔形文字是如何被破译的

楔形文字被发现后，很长时间都未能破译，真正取得突破是在18世纪后期。难解的楔形文字，怎么就突然被成功破译了呢？

楔形文字与中国的甲骨文、古埃及文字并称为人类最古老的文字。它由苏美尔人创造，起源于两河流域，是被刻在湿润的泥板上，再经火烤干后得以长期保存的。然而，随着岁月的流转，楔形文字渐渐被历史尘封。

1700年，这种文字被英国学者托马斯·海德命名为"楔形文字"。1802年，当时27岁的德国中学希腊语教师格罗特芬德与朋友喝酒时夸下海口，称自己能破解这种文字。酒醒后，他开始查阅大量资料，经过严密的推敲，竟成功破译了十个楔形文字。

这位教师的破译思路受到考古界的重视。在众多学者前赴后继的努力下，1857年，楔形文字终于被破解。

所以，楔形文字并非"突然"被破译的。先是楔形文字不断流传，使得人们找到了突破口，而后众多研究者持续努力，才逐渐将其破译。

世界五大史诗是哪五部

关于"世界五大史诗"的划分，学术界有不同的观点，通常认为《荷马史诗》《吉尔伽美什史诗》《摩诃婆罗多》《罗摩衍那》《贝奥武夫》被并称为"世界五大史诗"。

《荷马史诗》是古希腊文学的瑰宝，由盲诗人荷马编写而成，包括《伊利亚特》和《奥德赛》两部长篇史诗。《伊利亚特》讲述的是希腊联军围困特洛伊城的故事，其核心为希腊联军统帅阿伽门农与希腊英雄阿喀琉斯之间的争吵，着重描写了战争结束前50天发生的事情。这部史诗汇聚了古希腊口述文学的精华，是古希腊最伟大的作品之一。《奥德赛》讲述的是特洛伊战争结束后，希腊英雄奥德修斯在海上漂泊了10年，最终得以返回故乡与家人团圆的故事。这部史诗体现出奥德修斯智勇双全、坚韧不拔的品质。

《荷马史诗》描绘了古希腊人的生活画卷，展现出人类对于英雄、荣誉、家庭和国家的价值观，是研究古希腊社会与文化的重要文献。它不但是古希腊文学的代表之作，更是西方文学的经典之作。

《吉尔伽美什史诗》是已知世界上最古老的英雄史诗，它起源于古代美索不达米亚，由苏美尔人口传，后于古巴比伦王国时被改编记录。它围绕吉尔伽美什与恩奇都的友谊展开，讲述吉尔伽美什通过与恩奇都的相知相遇，从暴虐的王者成长为谦逊、有自知之明的英雄。史诗包含吉尔伽美什为寻求永生术而经历的种种冒险以及他与神话中的生物（如芬巴巴）的战斗。

《吉尔伽美什史诗》探讨了友情、勇气、牺牲和死亡等人类永恒主题。其中吉尔伽美什与恩奇都的深情厚谊是核心主题之一，反映了对人类精神世界的探索。恩奇都的早逝让吉尔伽美什体会到生命的无常，促使他反思生命的意义与价值。

《摩诃婆罗多》为享誉世界的印度两大史诗之一，有"印度的灵魂"之称。它讲述了在印度列国纷争的时代背景下，婆罗多族的两支后裔，也就是俱卢族与般度族争夺王位继承权的故事。故事涉及五代人物，讲述了两族的王权争斗，以般度族胜利告终。

《摩诃婆罗多》情节复杂，富有神话与宗教色彩。它不仅刻画了人物斗争，还反映了古代印度社会结构与宗教信仰，包含众多宗教人物、元素以及复杂的宗教仪式和信仰体系。

《罗摩衍那》是印度古代重要史诗，书名意为"罗摩的历险经历"，是印度文学瑰宝，与《摩诃婆罗多》并称印度两大史诗。其原始形式为民间口头创作，经长久流传增润后由蚁垤编定。

故事围绕阿逾陀国王子罗摩与妻子悉多的悲欢离合，描绘

了古代印度宫廷与列国之间的斗争，书中穿插神话传说和小故事，自然景色与战斗场面的描写使其篇幅宏大、内容丰富。罗摩被老王妃嫉妒流放，悉多被掳，后来在群猴的帮助下，夫妻得以团聚，罗摩恢复王位。该史诗在印度深受欢迎，影响远及亚洲其他地区，被列为人类文化遗产。

此外，印度重要的节日十胜节就源于《罗摩衍那》，它也为印地语文学提供了丰富的创作素材，是印度珍贵的文化遗产。

《贝奥武夫》是古英语文学中最古老的英雄史诗之一，创作于公元8世纪左右，以头韵体诗形式流传，后由基督教僧侣记录成书面文字。全诗分为两部分：前半部讲述瑞典勇士贝奥武夫远赴丹麦，帮助国王赫罗斯加斩杀巨魔格伦德尔及其母亲，展现其超凡勇气与力量；后半部描写他晚年继承王位后，为保护子民与肆虐的火龙殊死搏斗，最终同归于尽的悲壮结局。其宏大的战斗场景、复杂的人物塑造及对古代日耳曼社会的描绘，使其成为研究中世纪欧洲文化的重要文献，亦是英语文学的奠基之作。

这五部史诗不但记载了不同民族的历史与传说，还凭借丰富的想象和生动的叙述，呈现出人类对正义、勇气和智慧等美好品质的追求，是研究古代社会和文化的重要文献。

荷马是真实存在的人物吗

《荷马史诗》是西方历史上最悠久、文化影响力最深远的重要文学作品之一。然而，其作者荷马的真实身份一直有争议。

关于荷马的生平记载，虽说法众多且有些相互矛盾，但大多围绕这几点：生于古希腊爱奥尼亚，自幼双目失明，听觉灵敏，声音十分好听。8岁起当流浪歌手，老师去世后便独自拿着七弦竖琴四处卖艺，走遍希腊各地。

古典时代，人们对荷马的存在深信不疑。但随着时间推移，人们经分析发现《荷马史诗》并非一次写成，其中常出现不同时代的物品，成书年代也不一致，这使人们开始怀疑作者荷马是否真的存在。

人们猜测是荷马向文书官背诵口传文学，由文书官记录成书。当然，也可能是由多位有读写能力的游吟诗人化名"荷马"，接力编辑而成。

如今的《荷马史诗》是公元10世纪左右的旧抄本，作品中的很多内容源于想象，缺乏实物考证，所以荷马其人是否真的存在，仍有待商榷。

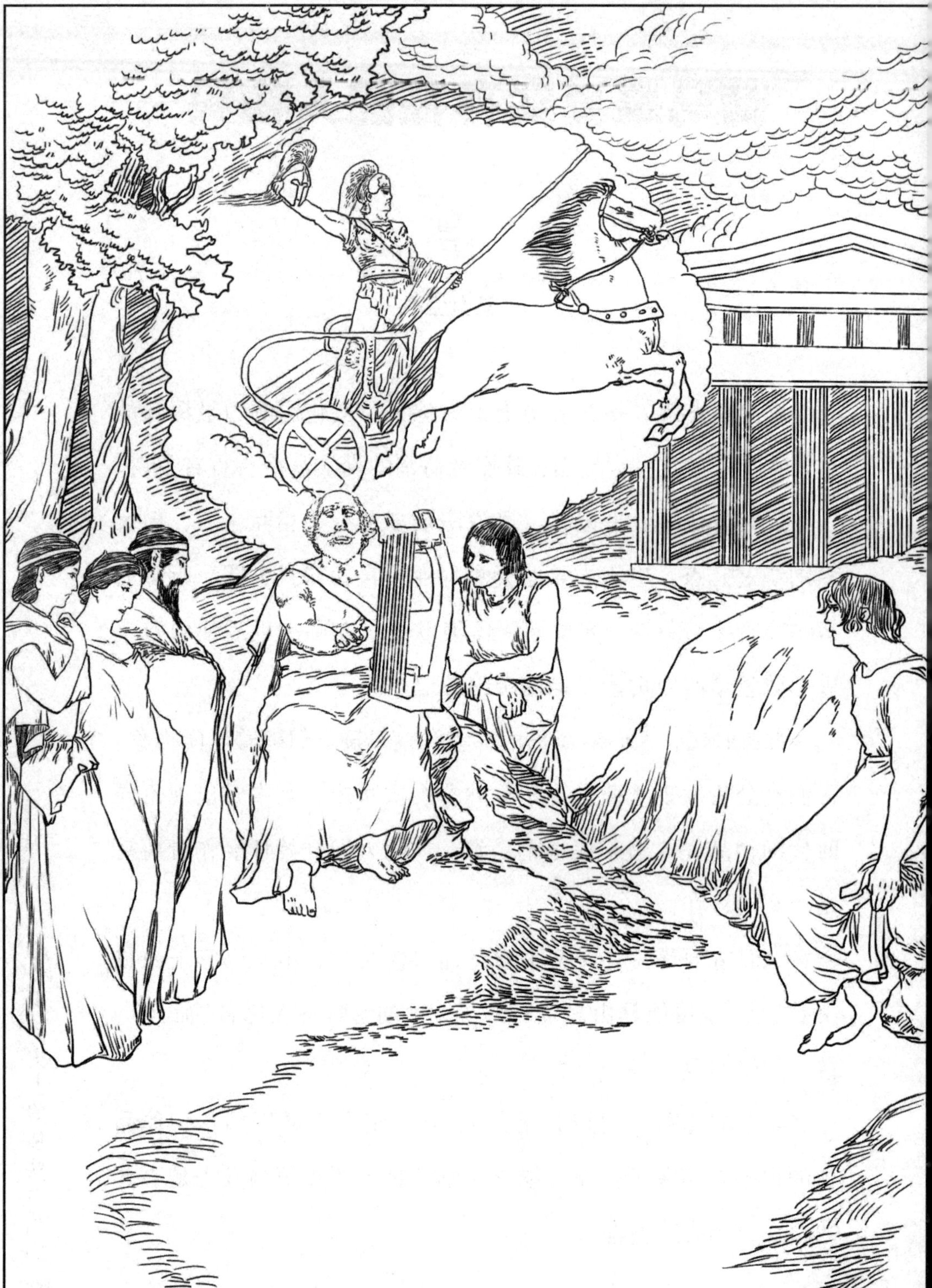

世界上第一部长篇小说是哪部

《源氏物语》是日本中古物语文学的经典之作，也是世界上最早的长篇小说，人们普遍认为它成书于11世纪初，作者紫式部是一位女作家。这部作品对日本文学发展影响巨大，被赞为日本文学的高峰。

《源氏物语》描写了主人公源氏政治命运的沉浮与纵情声色的生活，反映平安时代中期日本宫廷权势斗争的错综复杂和贵族两性关系的糜烂，展现当时上层贵族的精神面貌。全书54回的篇幅近百万字，内容涉及4代天皇，时间跨度达70多年，刻画了400多位人物，其中二三十个角色形象鲜明，重点突出。这些人物以上层贵族为主，同时还包含中下层贵族、宫女、侍女和平民。它展现了平安时代的文化生活与社会背景，既遵循写实的"真实"美学思想，也体现了日本的"物哀"思想。

值得一提的是，书中有90多处引用中国唐代诗人白居易的诗句，还有大量来自中国的典故与史实。所以，《源氏物语》既是日本古典文学的经典之作，也是中日古代文化交融铸成的一颗明珠。

《蒙娜丽莎》的微笑有什么秘密

在历史的浩瀚长河里,众多艺术作品因独特的文化背景与美学价值而广受世人关注。《蒙娜丽莎》以画中女郎神秘的微笑、精妙的绘画技巧以及丰富的象征意义,成为举世闻名的艺术珍品。这幅画中蕴藏的秘密,也为人们津津乐道。

蒙娜丽莎的身份之谜,是这幅画最大的谜团之一。蒙娜丽莎是个神秘的女性,她的真实身份始终是研究者热衷探究的话题。尽管有人猜测她可能是意大利商人弗朗切斯科·德尔·吉奥孔多的妻子,但这一说法从未被证实。众多学者与研究者都试图从历史文献、考古调查和艺术风格等细节方面解开这位神秘女性的身份,但到现在都还没有定论。

而蒙娜丽莎的微笑是这幅画的一大特色,也是最引人遐思之处。她的笑容仿佛蕴含着某种神秘力量,能让观看者体会到她内心的情感。有人认为她微笑是因为达·芬奇作画时对她说了些什么,也有人认为她的微笑代表着某种神秘的情感,或具有某种象征意义,不过这些说法都缺乏确凿证据。

蒙娜丽莎身后的背景也存在谜团。画中的河流、山脉以及建筑物等细节极为精致，让人忍不住想要深入探究一番。有研究人员认为，这些细节或许蕴含着象征意义，比如山脉也许代表"力量"，河流也许代表"流动性"，建筑物也许代表"人类文明"。不过这些说法都只是推测，背景之谜至今尚未完全解开。

达·芬奇创作《蒙娜丽莎》时运用了一些前所未有的绘画技巧，如空气透视和三角透视等。这些技巧的作用及其运用方式也备受研究人员关注。空气透视就是在画面里将远处景物模糊化以营造出一种深邃、虚幻的氛围，让画面更具神秘感和艺术感染力。三角透视是一种更为精确的透视技巧，利用画面中的三角形营造出深度感和立体感，让这幅画更加生动、立体且丰富，也给研究人员留下更多思考的空间。

《蒙娜丽莎》背后的秘密，一直是艺术研究者和爱好者热衷探讨的话题。虽然已经过去几个世纪，但这幅画的神秘感和艺术价值却经久不衰，给后人留下了诸多思考和探索的空间。也许未来的研究者会有更深入的发现和阐释，在此之前，我们可以尽情想象与探讨，感受这幅画的神秘魅力。

塞万提斯的葬身地在哪里

文艺复兴时期,大家最熟悉的西班牙作家当属写下《堂吉诃德》的塞万提斯。然而,塞万提斯的人生比他笔下的堂吉诃德还"倒霉",连体面下葬都是一件难事。

塞万提斯一生贫寒,虽写出当时流行的《堂吉诃德》,但报酬不多,生活依旧艰辛。他屡遭不幸,甚至数度入狱。塞万提斯在创作《堂吉诃德》第二部时,又被人冒名发表假的第二部,歪曲书中人物形象,恶意人身攻击,让贫困的他身心俱疲。1616年,塞万提斯因水肿病死于马德里的寓所。

历尽坎坷的塞万提斯死后究竟被葬于何处,至今都是个谜。有人说他1616年4月23日死于马德里,次日被葬于甘太伦那斯街的一座教堂墓园。也有人说他被改葬于米拉特罗街,还有人认为他被草草下葬,所以坟冢难寻。另有人说他被葬于修道院墓地,葬礼只有妻子参加,其墓地并无碑石。后来修道院迁址,墓中尸骨被掘出火葬,骨灰掩埋之处仍旧无人知晓。

不过,塞万提斯也是幸运的。他虽没有风光的墓碑,却凭借文字被世界永远铭记。

莎士比亚是虚构人物吗

莎士比亚作为史上最伟大的剧作家之一，对人类文学影响深远，《罗密欧与朱丽叶》《哈姆雷特》《威尼斯商人》《仲夏夜之梦》等经典作品至今被人们传颂。

然而，这位泰斗的真实身份却是一个谜团。因为人们遍查历史记录，都找不到莎士比亚是剧作家的证明，马克·吐温称其为"这个星球上最著名的匿名人"。

美国作家德里亚·佩肯最先对莎士比亚的身份提出质疑，认为莎剧的真正作者应该是英国哲学家弗朗西斯·培根。他的证据是：当时上流社会视写戏剧为耻，许多热爱戏剧的知识分子迫于压力，只能虚构出一位作者。而培根才华超群，可能是幕后之人。且莎剧内容宏大、知识面广，出身普通家庭的莎士比亚没机会了解宫闱秘密与异域风光。而且，佩肯在对比培根笔记和莎剧剧本之后，发现二者出奇相似。

美国"德维尔学会"宣称爱德华·德·维尔伯爵是莎剧真正的作者，理由类似。德·维尔伯爵求学于牛津、剑桥，游历欧洲多地，才学见识俱佳，而莎士比亚13岁辍学，最高学历仅仅是在斯特拉特福法语学校学习。相较之下，德·维尔更

像是莎剧的真正作者。

而美国文艺批评家卡尔文·霍夫曼提出,真正的作者是与莎士比亚同时代的剧作家克里斯托弗·马洛。霍夫曼表示,1593年,马洛以受到迫害为由,动身前往欧洲大陆,之后便以"莎士比亚"为笔名写作,并寄回英国发表,后又被搬上舞台。马洛与莎士比亚同龄,毕业于剑桥大学。他阅历丰富,才华出众,著有剧作《帖木儿大帝》。他作品中的语言、情节以及人物都和莎剧极为相似,所以霍夫曼的观点不无道理。

虽然莎士比亚的真实身份仍有争议,但他笔下一幕又一幕戏剧可谓世界文学史的宝贵遗产。

达·芬奇真的是"全才"吗

意大利文艺复兴时期的伟大先驱列奥纳多·达·芬奇,堪称举世闻名的一代奇才。他不仅在绘画、雕塑等艺术领域收获了极其丰硕的成果,还在物理、数学、解剖、地质学、天文以及建筑、工程制造等方面造诣颇高。即便是现代科学家,也对达·芬奇精深的知识体系和过人的天赋惊叹不已。

人们简直难以相信,上天竟会如此慷慨地将才华与美德全然赋予一个普通人。达·芬奇的旷世才华究竟是名副其实,还是后世夸大,也成了一道难以破解的谜题。

欧洲的一些专家学者对达·芬奇的生平展开了广泛且深入的研究,结果表明,倘若要完成他所有的绘画、雕塑以及各类发明等工作,即便一刻都不休息地持续进行,至少也需要74年。然而,达·芬奇仅仅活了67年,这显然是他无法做到的。

达·芬奇的生平也有神秘之处。他既无家庭,也无亲友,隐秘的生活让他的事业显得极为机密。这不禁让专家们怀疑:达·芬奇可能得到了神秘人物的助力。毕竟,一个人的精力终究是有限的,仅凭"单打独斗",又怎能取得如此巨大的成就呢?

达·芬奇的社交圈子很小，人们便将目光转向他仅有的仆人——托马兹·玛奇尼。托马兹·玛奇尼一直陪伴在达·芬奇身旁，他学识渊博，不仅是一位出色的水利专家，还是雕刻家兼机械师，只可惜他身份卑微，故不为人知。一些学者从这些资料中推断出：托马兹·玛奇尼可能是达·芬奇的得力合作者。

然而，绝大多数历史学家对上述观点持有异议。他们觉得，托马兹·玛奇尼并非真实的历史人物。

还有些专家认为，达·芬奇的发明并非全部"原创"，而是在古人创造发明的基础上，对其加以再创造和改良。他们还指出，在达·芬奇之前，佛来米派艺术家的手稿里就已出现过类似直升机的画作，和达·芬奇后来的设计极为相似。此外，有记录显示，达·芬奇和东方祭司交往密切，长期保持着往来。他有可能从这些古代文明的传承者那里，学习到许多人类知识的精华。

达·芬奇的"全才"身份虽有争议，但他在艺术与科学领域留下的伟大成就无可否认。无论是否有神秘力量的助力，他留下的作品都足以让后世叹为观止。

列夫·托尔斯泰为何出走

俄国大文豪列夫·托尔斯泰一生创作了大量的作品，他的作品对欧洲文学产生了极大的影响，在世界文学史上也占据着重要的地位。然而，就是这样一位闻名世界的作家，在晚年却选择弃家出走。究竟是什么原因促使他做出这种令人费解的行为呢？

1910年11月7日，托尔斯泰在弃家出走途中死于阿斯塔波沃火车站。消息传开后，俄罗斯乃至全世界都为这位文学巨匠的逝去而感到悲痛。托尔斯泰弃家出走的原因众多，其中家庭因素最为重要。

托尔斯泰1862年结婚，早年与妻子感情不错，到了晚年，他信奉宗教，世界观和个人价值观大为改变，这也使他和妻子的感情出现裂痕，原本和睦的家庭关系变得紧张起来。

除家庭原因外，还有一个人对托尔斯泰影响较深，此人便是切尔特科夫。他出身上层贵族，曾是优秀军官，却主动离职，舍弃锦绣前程回归庄园与农民一起生活，还将大部分财产无偿捐给农民，他与托尔斯泰的理念高度契合，因此，晚年的托尔斯泰与他结下深厚友谊。

作为好友，切尔特科夫频繁介入托尔斯泰的家庭生活，比如帮忙立遗嘱等，这让托尔斯泰的妻子很不满。托尔斯泰当时左右为难，自己像是被撕成两半般痛苦，于是决定躲到乡下寻求最后的安宁。

1901年，托尔斯泰回到故乡。农民的贫苦生活使他心中充满不安与自责。从那以后，他便开始厌恶贵族之间的虚情假意，不再参加宴会，总是戴着草帽、衣衫褴褛地到田里干活儿。

托尔斯泰早有出走计划却未行动。后来，夫妻二人的关系愈发紧张。1909年，托尔斯泰不顾妻子反对，公开声明自己在1881年后创作的作品可免费供任何人出版，妻子因此大怒，托尔斯泰却因宗教不抵抗主义的影响，愿将过错归于自己，选择原谅妻子。

托尔斯泰去世前过得并不好，身边满是敌意与谴责。为了躲避纷争，他打算离家出走。1910年10月28日，托尔斯泰带着私人医生离开他和妻子居住的亚斯纳亚庄园，不幸在火车上患病，受寒咳嗽且发起了高烧。最终，托尔斯泰在阿斯塔波沃车站下车，7天后在这个车站离世。

我们可以看出，托尔斯泰是位道德高尚且意志坚定的人，其痛苦的根源并非家庭矛盾，而是理想信念与现实的碰撞致使的世界观崩塌，所以他才会在82岁时决定弃家出走。

第七章 战争冲突的博弈谜题

史前真的发生过核战争吗

摩亨佐·达罗位于巴基斯坦的信德省，是世界最著名的古城遗址之一，也是印度河流域文明的杰出见证。

这座古城已有5000余年的历史，它规划严整、设施完善。但是，这座古城却仿佛在瞬间被毁灭了，科学家发现这里时，城中遍布骷髅，因此这里也被称为"死亡之丘"。

科学家在考察摩亨佐·达罗时，注意到许多崩塌的建筑上留有高温烧灼的印记，而且还有一些"玻璃建筑"，这种现象通常在核爆炸现场出现，被称作"托立尼提物质"。据此，他们大胆推想，摩亨佐·达罗城可能发生过核爆炸。

作为佐证，他们在古希腊神话与史诗中找到了一些疑似核战争的记载。例如《马哈巴拉德》《摩诃婆罗多》中记载的战争场面，恍如原子弹爆炸现场。而在叙事诗《拉马亚那》中，还描写了几十万大军瞬间化为灰烬的情景，该情景的发生地为"兰卡"，而"兰卡"的位置恰恰就是摩亨佐·达罗所在地。

当然，说摩亨佐·达罗发生过核战争，毕竟只是一些科学家的"狂想"，这座死丘之谜，还有待更多考察和研究。

特洛伊战争到底是神话还是史实

古希腊的文学瑰宝《荷马史诗》中，记载了一场旷日持久、伤亡惨重、充满神话色彩的战争——特洛伊战争。

这场战争发生在公元前12世纪，特洛伊王子帕里斯拐走了斯巴达国王墨涅拉俄斯的妻子海伦，迈锡尼国王阿伽门农为了替弟弟抢回妻子，召集了伊塔卡国王奥德修斯、半神英雄阿喀琉斯等，率领大军兵临特洛伊城下。特洛伊城池坚固、物资丰富，又有帕里斯的哥哥赫克托耳等勇将守城，希腊联军围城10年却始终没能攻下。最终，奥德修斯想出了一个木马计：制造一只无比巨大的木马，让几十名勇士藏身其中，然后假装撤军。特洛伊人将木马当作战利品运入城中。到了夜里，勇士们从木马中出来，杀死守军、打开城门，并在城中放火制造混乱。希腊大军趁势卷土重来，最终攻陷并毁灭了特洛伊城，带着掠夺的财富和奴隶回到希腊。

特洛伊战争究竟是真实存在的历史事件，还是流传在吟游诗人口中的神话故事？特洛伊城是否存在过呢？

由于《荷马史诗》中神话成分过于浓厚，多数人还是将其

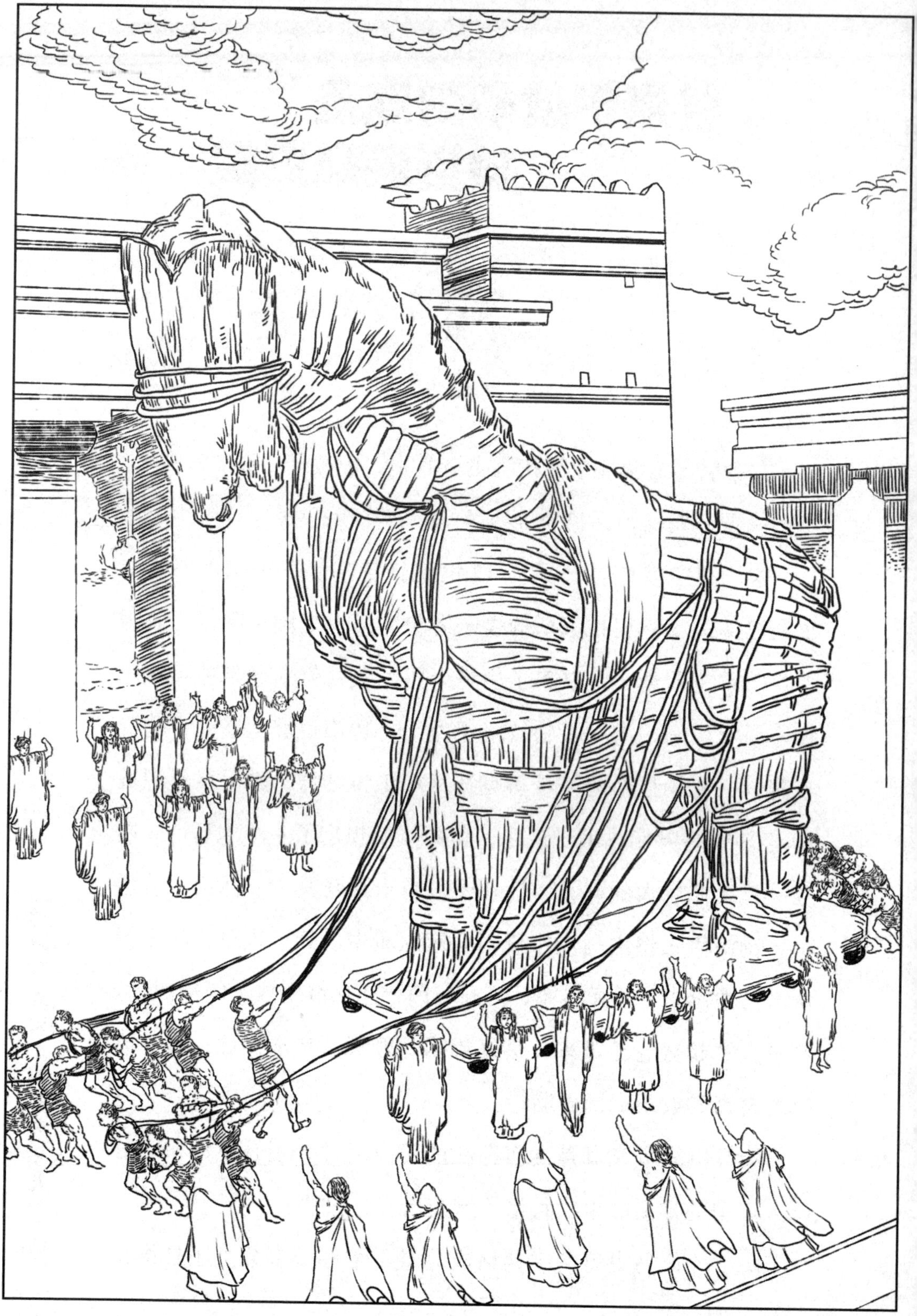

当作神话来看待。但是，从小醉心于《荷马史诗》的德国考古学家海因里希·施里曼却坚信特洛伊城真实存在，并立志要找到这座古老的城市。

根据古籍记载，特洛伊城就位于土耳其中部的希萨利克山丘。1871年，施里曼率领自己出资雇来的考古队，在希萨利克进行了大规模的发掘。几年后，他们发现了一些古代文物和遗址，包括多层城墙遗址和大量金银器皿。于是，施里曼兴奋地公开宣布自己找到了特洛伊国王的宝藏。

随后，施里曼又去了阿伽门农的家乡——希腊南部伯罗奔尼撒半岛上的迈锡尼城。在那里，他成功发掘出著名的阿伽门农面具，为特洛伊战争的真实性提供了新的佐证。

施里曼在1879年至1888年间又对希萨利克进行了三次发掘，并得到德国考古学者威廉·德普费尔德的协助，一共发现了9层遗址。1890年，施里曼病逝，德普费尔德继续发掘，并确认9层遗址中的第6层是爆发特洛伊战争的特洛伊城。

后来，有美国考古队继续到希萨利克进行发掘，认为第7层才是特洛伊战争的发生地点，因为此城是突然毁灭的，却没有天灾的迹象，应该是毁于战火。不过，这些结论还是未能得到广泛认同。

近年来，美国语言学家卡尔弗特·沃特金斯在一块已有3200余年历史的泥板上发现了描述特洛伊的史诗片段，为特洛伊城的真实性提供了一定的支持，但要完全解开特洛伊之谜，还为时尚早。

十字军东征的目的到底是什么

11世纪的西欧，封建主对财富和享受的需求日益高涨，以冒险放纵、劫掠战争谋生的骑士阶层也迫切想到东方去掠夺土地与财富。与此同时，西欧农民的生活日益困苦，社会动荡不安。为了转移农民的怨恨目标，统治阶级有意识地引诱农民到东方寻找出路。

当时，东罗马帝国（拜占庭帝国）正在承受突厥人的进攻，罗马皇帝向教皇乌尔班二世和西欧君主求助。乌尔班二世号召基督徒们进行"圣战"，抢回"圣地"耶路撒冷，参加者可以免罪。1096年2月，法国、德意志的农民和一部分落魄骑士抢先出发，人数约2万。他们佩戴着象征基督受难的"十"字标记，踏上东进之路。实际上，他们根本不知道耶路撒冷在哪儿，也不知道有多远。

这些人没有装备、没有给养，也没有像样的组织。有的骑马，有的驾牛车，还有的乘木筏，很多人都带着妻子和孩子。他们依仗着教会的免罪许可，一路打家劫舍、无法无天，在匈牙利和保加利亚引发众怒，遭到袭击，他们抛下同伴的尸体继续前进，只有不到三分之一的人到达东罗马帝国所在的君士坦丁堡（今土耳其伊斯坦布尔），多数在半路上被突厥军消灭了。

半年之后，由欧洲贵族组织的十字军也出发了。他们吸取了前面那支"农民十字军"的教训，军纪更加严格。次年抵达君士坦丁堡，重创突厥人，并在1099年9月攻占了耶路撒冷，血洗全城，建立耶路撒冷王国、埃德萨伯国、安条克公国和的黎波里伯国这四个"十字军国家"。

第一次十字军东征取得了完全胜利，挽救了濒临灭亡的拜占庭帝国，夺取了圣城耶路撒冷，在基督教世界引起了空前的轰动，西欧人累世传诵的多数都是第一次十字军东征。

1144年，突厥人占领了埃德萨伯国，逼近耶路撒冷王国。法国和神圣罗马帝国再次派出十字军，却被突厥人击溃，无功而返。

1187年，埃及阿尤布王朝的创建者萨拉丁占领耶路撒冷，西欧不得不再次派出十字军前去收复圣城，英格兰、法国、神圣罗马帝国等国的君主都率军参战。双方互有胜负，但西欧君主之间明争暗斗，最终在得到萨拉丁允许基督徒到耶路撒冷巡礼的承诺后撤军，耶路撒冷的控制权仍然掌握在萨拉丁手中。

1202年，教皇英诺森三世发动第四次十字军东征，想要攻占埃及，以此为基地"解救"耶路撒冷。没想到，负责运送十字军的威尼斯人以高额运费为威胁、以平分战利品为诱惑，促使十字军改变路线，攻陷了信奉基督教的萨拉城（今克罗地亚境内），大肆劫掠一番，又在1204年攻陷了君士坦丁堡，洗劫一星期之久，在拜占庭领土上建立拉丁帝国。至此，十字军

东征彻底撕下了所谓的神圣面纱，暴露出侵略掠夺的本质。

除了发动洗劫基督教城市的十字军东征外，英诺森三世还发动过臭名昭著的"儿童十字军"，动员2~3万名10~18岁的儿童前往法国马赛，途中大量儿童逃脱或饿死，到达的不足两千人。这些儿童乘船过海，除了船沉溺海者之外，绝大多数都被卖为奴隶。

此后，西欧国家又发动了第五次十字军东征，打算攻打埃及，因尼罗河泛滥被迫撤退；第六次十字军东征中，神圣罗马帝国皇帝腓特烈二世利用伊斯兰教国家的内部矛盾夺取了耶路撒冷，但十余年后再次被夺回；第七次和第八次均为法国国王路易九世发动，路易九世在进攻埃及时惨败被俘，被重金赎回后不死心，再次进攻北非，途中病逝，此后再也没人提东征了。1291年，十字军在东方最后的据点被埃及马穆鲁克王朝攻占。

两百年间，西欧人八次东征，消耗了大量人力、物力，加重了西欧人民的负担，也给西亚、北非人民带来了深重的灾难。不过，十字军东征也在客观上促进了东西方之间的交流，更重要的是让西欧人开阔了眼界，从东方文化中汲取养分，为文艺复兴悄然奠基。

"无敌舰队"为何被击败

16世纪时，西班牙掌握着海上霸权，为了保卫从美洲殖民地掠夺而来的财富，建立起了一支强大的舰队。到了16世纪晚期，西班牙舰队拥有千余艘舰船、150余艘大战舰、3000余门大炮、数万名士兵，横行于地中海和大西洋，号称"无敌舰队"。

英国伊丽莎白女王继位后，积极推行海外殖民扩张政策。英国人不仅在西班牙殖民地进行走私贸易，还抢劫西班牙运输金银的船队，甚至袭击西班牙殖民据点。这些行为严重威胁了西班牙的霸主地位，两国之间的争霸战争已经不可避免。

1588年，西班牙国王腓力二世调集130艘大小舰船、2万余名士兵、7000余名水手，组成了庞大的舰队，由西多尼亚公爵率领，浩浩荡荡地远征英国，打算进攻英国本岛。

英国舰队的统帅是女王的表弟查尔斯·霍华德，实际的指挥者是海军中将弗朗西斯·德雷克。德雷克还有一个身份——海盗船长，他和表哥约翰·霍金斯都是奉女王之命掠夺西班牙财富的"御用海盗"。

西班牙舰队进入英吉利海峡后，有将领建议立即攻击普利茅斯港，据说国王的眼中钉德雷克就在港内。而且西班牙舰船

庞大、笨重，在狭窄的海域内也便于展开西班牙人擅长的接舷战和白刃突击，且不利于英国舰队发挥其炮火优势。但是，西多尼亚公爵拒绝了这个提案，他认为舰队在遍布浅滩和暗礁的普利茅斯港容易搁浅，而且也会使得舰队战力分散，无法形成紧密的防御阵型。

8月6日，西班牙舰队开始在指定的登陆海域下锚，等待帕尔马公爵率领的陆军前来汇合。没想到，陆军被荷兰人阻截了，没能按时前来，西班牙舰队也失去了进攻时机。8月7日晚，德雷克命人将8艘帆船改装成纵火船，顺风驶向西班牙舰队。西班牙舰队虽然数量占据优势，但不得不仓促撤退。英军奋起直追，双方进行了10天惊心动魄的海上战斗。

在英国舰队的追击下，西多尼亚公爵决心率舰队绕道返回西班牙。没想到，低温、浓雾以及风暴，使得西班牙舰队开始分散，只有65艘舰船返回了西班牙，损失惨重。至此，西班牙海军一蹶不振，海上霸权也逐渐旁落。

无敌舰队覆灭的原因众说纷纭。有人认为腓力二世实行暴政，民怨沸腾，使得无敌舰队士气低落，从而出师不利；有人认为西多尼亚公爵不谙水战，屡屡做出错误决策，导致损兵折将；有人认为无敌舰队只是败给了一连串的天灾……总之，无敌舰队的覆灭是海上霸主之位开始易主的标志性事件，有一定的偶然性，也是必然的结果。

列克星敦的枪声是如何响起的

在美国东北部的马萨诸塞州，有一个名叫列克星敦的小镇，在这个小镇的中心区，竖立着一座手握步枪的民兵铜像。1775年4月，这里打响了美国独立战争的第一枪。

美国的独立并非偶然，而是酝酿已久的。当时，英国殖民者在这里开发了大量种植园，并建立许多纺织、炼铁、采矿等工厂，经济繁荣。英国政府为了增加财政收入，对殖民地进行了残酷的压榨和剥削，变着花样地收税。其中印花税、茶税等都曾引发当地人民的激烈反抗。殖民地人民还建立了很多秘密的反英组织，例如"自由之子""通讯委员会"等，暗地里发动抵制英货、赶走税吏、焚烧税票、倾倒茶叶等活动。

这一切引起了英国政府的恐慌，他们的对策是派军队进行残酷镇压，这使得英国政府和殖民地人民的矛盾更加激化，一场争取独立和自由的战争即将在北美大陆上爆发。

1775年4月，英国任命的马萨诸塞总督兼驻军总司令盖奇，获悉离波士顿不远的康科德镇有"通讯委员会"设立的隐秘军需仓库。于是，盖奇指派史密斯中校带领800名士兵前去搜查。这个消息，被"自由之子"的两名民兵打探到了，他们连夜骑

着快马来到波士顿近郊的列克星敦，将这个消息告诉了当地的民兵，随后又驰往康科德镇报信。

4月19日凌晨，皮凯恩少校率领先头部队来到列克星敦，发现村外有手握长枪的民兵正严阵以待。双方发生交火，民兵们寡不敌众，很快撤离战场，皮凯恩率军直奔康科德。到了镇上，史密斯下令搜查，但什么都没有找到。原来，"通讯委员会"的人早已撤离，并带走了全部物资。史密斯下令撤退，但发现为时已晚，民兵们正从四面八方赶来，包围了英军。英军只得狼狈逃窜，沿途不断遭到民兵的袭击，波士顿赶来了一支援军，才将史密斯等人救走。

这一仗，英军伤亡200余人，民兵伤亡140余人。列克星敦的枪声就像信号弹一样，迅速传遍了北美的13个殖民地，美国独立战争正式打响。

有趣的是，到底是谁打响了列克星敦的第一枪，至今还有争议。根据参加过战斗的民兵回忆，他们的首领约翰·派克曾下令不要开枪，是皮凯恩首先下令开枪的。但皮凯恩在日记中写道，自己根本无意与民兵纠缠，曾下令不要开枪。当时双方争执不下，人声嘈杂，到底是谁开了第一枪，还是有人无意中走了火，已经难以分辨了。

拿破仑在滑铁卢惨败有何隐情

拿破仑是人类历史上最杰出的军事家之一，他在法国大革命中崛起，1804年成为法国皇帝。他曾多次击破英国、普鲁士、俄国等组成的反法联盟，并积极向外扩张，成为不折不扣的欧洲霸主。

拿破仑的野心日益膨胀，他想要统治整个欧洲，于是将目光转向庞大的俄国。俄国的寒冬和俄国将领库图佐夫等人的高超战术，让轻率出击的拿破仑平生第一次体会到惨败的滋味。1814年3月，因远征俄罗斯实力严重受挫的拿破仑没能击破第六次反法同盟，被迫退位，并被放逐到了厄尔巴岛，法国波旁王朝复辟。

1815年春，拿破仑逃出厄尔巴岛，率领约1000人回到法国。法国国王路易十八派来阻击拿破仑的士兵，纷纷倒戈回归拿破仑麾下，等他回到巴黎时，手下已经有了30余万大军。路易十八仓皇逃走，拿破仑重新控制了法国政权。

得知这一消息，欧洲各国君主立即组织起第七次反法同盟，率领70万大军扑向法国。兵力悬殊，拿破仑知道必须在俄奥大军到达之前解决掉英普联军，否则局面将非常被动。于是，

他率领十余万大军进入比利时，占据有利地势，意图一举歼灭英军。但是，担任战场指挥的内伊元帅鲁莽冲动，没有执行拿破仑让他牵制英军的命令，而是选择强冲硬打，白白损失了大量骑兵。再加上英军统帅威灵顿公爵率军进行顽强抵抗，拿破仑速胜的希望落空了。

6月18日中午，决战在比利时小镇滑铁卢展开。战争进入胶着状态，双方都没有完全控制局势的力量。黄昏时分，拿破仑亲率近卫军冲向英军阵地，势不可挡。但此时，英国的援军——普鲁士元帅布吕歇尔迂回赶到，而预定前来救援拿破仑的格鲁希元帅却被普鲁士人牵制住了，没能赶到。形势急转直下，英军趁势转守为攻，追击法军。

拿破仑几乎丧失了全部炮兵部队，反法联盟还有几十万人的军队正要赶来。拿破仑知道大势已去，不得不逃离战场，再次宣布退位，被流放到了圣赫勒拿岛，并于六年后死在那里。

"战神"拿破仑在滑铁卢战役的失败，引起了世界历史学家和军事评论家的极大兴趣。有人认为格鲁希元帅的迟到是法军失败的重要原因；有人认为，内伊元帅不听皇帝的命令，要承担最大的责任；还有人认为，拿破仑用人失误，身边没有能征善战的将领，才是他失败的主要原因……人们不遗余力地争论什么才是拿破仑战败的决定性因素，不过谁都无法说服谁。

"缅因"号爆炸是美国自导自演的吗

1898年2月15日,停泊在古巴哈瓦那港内的美国军舰"缅因"号突然发生爆炸,250余名官兵当场身亡,另有8人重伤。

此时,古巴人民反抗西班牙殖民统治的斗争正如火如荼,美国与西班牙的关系也急剧恶化。得知"缅因"号爆炸后,美国《新闻报》立刻宣称是西班牙人用秘密武器摧毁了"缅因"号,呼吁麦金莱总统与西班牙人"决一死战"。

西班牙政府极力避免与美国开战,他们认为可能是船头弹药舱爆炸引发的,并建议潜水检查船体,但没有得到美国政府的支持。4月25日,美国正式向西班牙宣战,仅用时3个多月就击败了西班牙,正式确立了西半球的霸主地位。

美西战争结束后,对"缅因"号爆炸原因的质疑声却并未停止。有人认为,美国拒绝西班牙调查爆炸后的船体是在掩盖一些问题。后来"缅因"号残骸被打捞上来,美国政府依然宣称爆炸是外部因素导致的,并迅速为残骸举行了"军葬"仪式。"缅因"号爆炸的神秘面纱不知还有没有揭开的一天。

恩尼格玛密码机是如何被破解的

1918年，德国发明家谢尔比乌斯等人发明了恩尼格玛密码机，打算卖给大型企业用于商业通信，但市场反应却很冷淡。没想到，德国军方却对恩尼格玛密码机很感兴趣。

原来，恩尼格玛密码机的加密方式极为复杂，德国军方深信，恩尼格玛密码是不可能被破解的，对其信任达到了有恃无恐的地步，上至德军统帅部，下至海陆空三军都在广泛使用。

第二次世界大战爆发后，破解恩尼格玛密码的任务，就在伦敦附近的布莱切利园进行。园中聚集了各领域的专家，其中最著名的要数计算机科学家、数学家艾伦·图灵。图灵设计了一种解码机，每个月能破译8000多条恩尼格玛密码机的加密信息。

在第二次世界大战期间，有10000多人专门在布莱切利园中从事密码破译，其中多数是女性。英国将布莱切利园的工作视为超级机密。二战后期，德国一发出情报，布莱切利园就开始破译了，同盟军能够胜利，密码破译工作功不可没。

"卡廷森林惨案"是谁干的

1939年9月1日,德国突袭波兰,第二次世界大战就此全面爆发。彼时,苏联早已对波兰的领土垂涎三尺,见此良机,毫不犹豫地趁机出兵波兰。在短时间内,苏联军队迅速推进,占领了大量波兰领土,并且俘虏了多达25万的波兰人。

苏联在俘虏这批波兰人后,做出了一系列举措。普通士兵被释放,而军官、知识分子、医生、教师以及公职人员等波兰精英阶层,则修建了战俘营将他们关押起来。

1943年4月13日,攻入苏联境内的纳粹德国军队在斯摩棱斯克附近的卡廷森林一带,发现了令人毛骨悚然的一幕。在那里,竟埋藏着2万余名波兰人的尸体,他们均是被人反绑双手后残忍杀害的。德国宣称,这场惨绝人寰的屠杀是苏联所为。而苏联方面则坚决予以否认,并且指出是德国人犯下了这一滔天罪行。从那时起,苏联与波兰围绕"卡廷森林惨案"展开了长达半个世纪的争论,双方各执一词,互不相让,这件事仿佛被一层厚重的迷雾所笼罩,让世人困惑不已。

直到1990年4月13日,苏联正式承认"卡廷森林惨案"是自己所为。原来,苏德战争爆发后,局势发生了急剧变化。

波兰战俘在此时成为苏联沉重的包袱，不仅需要消耗大量宝贵的人力、物力去看管和维持他们的生存，而且还要时刻担心这些战俘可能发起的反抗。在种种压力之下，斯大林最终下令在卡廷森林以及战俘营等地对波兰战俘进行了屠杀，随后将这些无辜的生命一同埋入卡廷森林的"万人坑"。这场隐瞒了长达半个世纪的弥天大谎，终于真相大白，而那些逝去的冤魂也等来了"迟到"的交代。

第八章

古迹珍宝的悬疑探索

金字塔的神秘巧合有哪些

提及埃及，我们首先想到的一定是金字塔。金字塔群伫立在埃及尼罗河畔已有4000多年的历史，它见证着历史更迭，承载着古埃及文明的许多秘密，庄严肃穆，缄默不语。人类虽然没有找到任何与之相关的文字记录，却在研究它的用途和由来的过程中，发现了很多关于它和建筑学、物理学、数学、几何学领域的巧合之处。

数字巧合之谜

金字塔建造初期，工艺和构造都比较粗陋，随着规模愈盛，到了建造胡夫金字塔、海夫拉金字塔以及孟考拉金字塔（统称吉萨金字塔）时，技术已经非常完善高超。尤其是胡夫金字塔，规模巨大，技巧精密。吉萨金字塔设计中的数字巧合引发了人们对古埃及人建造能力的惊叹和猜测。

1. 纬度与光速的巧合。胡夫金字塔顶端是北纬29.9792458°，在数值上和真空中光速299792458米/秒保持一致。

2. 地球和太阳平均距离的巧合。金字塔原始高度146.59米，如果乘以10亿，结果和地球到太阳之间的平均距离149597870公里相差无几。

3. 与地球重量的巧合。胡夫金字塔的总重达 600 万吨，乘以 10 的 15 次方之后所得结果，大约等于地球的重量。

4. 周长和地球公转时间的巧合。胡夫金字塔周长是 362.31 库比特单位（古埃及度量单位，约 230.36 米），跟地球公转一年的时间差不多。

5. 与圆周率的巧合。金字塔周长的 2 倍除以高度得到的数值，和圆周率 π 的数值相近。

6. 天文度量的巧合。金字塔设计比例是 11:7，这个数值近似于"方圆"原理，虽然不是完全相等的黄金分割比 1.618，但是它足够接近，所以金字塔在视觉上显得平衡而和谐。

7. 所处经线均分东西半球面积。科学家们经过推算发现，金字塔处于地球陆地中心。通过胡夫金字塔的经线能把地球的陆地和海洋均分成几乎面积相等的两个半球。此外，这条经线是经过地球陆地距离最长的一条。

8. 数字方面的巧合还包括吉萨金字塔构成的三角形符合毕达哥拉斯定理，即 3:4:5 的勾股定理；金字塔内部温度基本保持恒定，其热量单位正好契合地球表面的平均温度；每年 10 月中旬到第二年 4 月上旬，阳光在金字塔背面的投影对应着一年节令的长短变化。如此看来，金字塔就像一个大型日晷。诸多数字巧合，令金字塔愈发神秘。

建筑工艺巧合之谜

科学家经过勘测，算出胡夫金字塔拥有大大小小的石块大约 260 万块，但是即使是最小的石块，也大约有 1.5 吨重，最

大的有 100 多吨重，现场却没有轮车和吊车的运输与装卸的痕迹。科学家认为古埃及奴隶是借助牲畜的力量和简单的力学原理，利用滚木运输，再沿着沙土堆成的斜坡，把巨石拉上金字塔，再一层一层堆砌上去。法国化学家戴维杜维斯化验了从胡夫金字塔上取下来的 5 个小石块，发现它们由贝壳和石灰石混凝而成，所以他认为，金字塔可能使用了混凝土浇筑技术。不过无论是采用什么方法，都需要解决很多技术难题，在当时的生产力条件下，金字塔建造得坚不可摧，实在匪夷所思。

方向巧合之谜

胡夫金字塔的四个组合面分别与地球的东南西北四个方向几乎完全对准，误差不到 0.06 度。即使在现代，人们想要找到正北方向，也需要通过人造卫星的精确定位。尚处于"青铜时代"的古埃及人能如此精确地找到正北方向，让人难以置信。

防腐之谜

木乃伊是在金字塔中保存的法老尸体，在漫长的时光变迁中，尸体本身没有腐烂，连带着包裹捆绑的布条也保存完好。人们在金字塔内部发现的一些小动物尸体，同样没有腐朽。科学家们猜测，如果不是特殊的防腐材料，也可能和金字塔内部的建造结构有关，但很长时间以来，科学家们都无法确定到底是什么原理。

我们期待学者们在未来揭晓更多的金字塔之谜。

狮身人面像的作用是什么

狮身人面像又名斯芬克斯，距离胡夫金字塔350米左右，位于海夫拉金字塔的南面。关于狮身人面像的建造时期和作用，学术界有很多种说法。

有一种说法很有古希腊神话色彩。在古希腊神话中，斯芬克斯是一个美丽却残忍的女怪，利用一个谜底是人的谜语杀人和吃人。谜语被俄狄浦斯猜出后，她祈求俄狄浦斯放过自己，却被拒绝，最终跳崖自杀。国王瑞翁为了让人们铭记她的恶行，建造了这座雕像。另一个说法是，狮身人面像所在地是采石场，海夫拉巡视自己的金字塔时发现因为结构松散被弃用的大石块挡在金字塔前面很生气。设计师灵光一闪，就把大石块按照海夫拉的样子雕成狮身人面像守护金字塔，更显法老威严。考古学家认为，海夫拉法老因为人们膜拜狮子及其具备的力量，就让人按照自己的相貌雕刻出狮身人面像，以彰显自己的功绩。

宇宙学家根据金字塔与天文现象的神秘巧合，认为狮身人面像是外星人为了导航而建成的地标。后来埃及法老发现了它，为了神化自己的统治，就把它据为己有。

"空中花园"真的存在过吗

巴比伦"空中花园"是希腊文 pmaddeisos 的意译,直译是"梯形高台"的意思,这说明"空中花园"实际上是建造在一个"梯形高台"上。在阿拉伯语中,它被称为"悬挂的花园"。一般认为,巴比伦空中花园大概建造于前 604~前 562 年间,是当时巴比伦君主尼布甲尼撒二世为了抚慰妻子的思乡之情,按照她的家乡建造。花园里辟有幽静小路,奇花异木点缀其间,景色巧夺天工。从远处望去,花园就好像浮在空中。

如今这座富丽堂皇的天堂花园杳无踪迹,很多称赞它神奇美丽的人事实上从来没有去过巴比伦,而且在巴比伦的历史记载中,它从来没有出现过。考古学家找到了巴比伦的遗址,但无法确定一个处在半地下的长方形建筑物是否是"空中花园"。有考古学家认为,"空中花园"没有建在巴比伦城,而是位于今伊拉克北部的尼尼微。它也不是尼布甲尼撒二世所建,而是由更早的古亚述国王辛那赫里布所建。

空中花园至今仍在以它美丽、优雅的魅力吸引着无数人寻找它的芳踪,解开关于它的谜题。

奥尔梅克巨像有什么用

玛雅文明曾一度被认为是中美洲最古老的文明，但现在的考古学者认为，奥尔梅克文明可能才是玛雅文明甚至中美洲文明之母。

奥尔梅克地处墨西哥海湾低地，因气候原因，橡胶树茂盛成片，奥尔梅克人因此得名，意为"橡胶人"。奥尔梅克文明大约起源于公元前2000年，公元前1200～前400年是繁盛期。圣洛伦佐高地是它的第一个文明中心，但在公元前900年因为动乱或入侵遭到暴力破坏，继而被遗弃。拉文塔迅速崛起，成为新的奥尔梅克文明中心，只是在公元前400年左右，拉文塔文化突然莫名其妙地衰落消亡。大约公元前500～前100年，特雷斯·萨波特斯文化出现。

考古学家挖掘出许多奥尔梅克人的雕刻作品，最引人瞩目的就是14个巨大的头颅雕像。巨像用整块的玄武岩雕成，呈现出明显的非洲黑人特征：他们戴着紧实贴合的具有纹饰的头盔，鼻宽而塌，嘴巴丰满下垂，眼皮半奋，形如杏仁，眼神冷漠，表情凝重有怒色，让人望而生畏。它们庞大而沉重，风格写实，线条简洁有力又细致入微，比例相当均匀完美，技艺

高超老练。可见他们的雕刻是大规模的工程，工匠能力卓绝。所以其雕刻文化应该非常深远辉煌。只是这些巨型雕像，到底是用来做什么的呢？

有研究学者认为，这些巨石头像应该是奥尔梅克人按照一定的要求作为场景摆放，用来纪念一些历史事件或者重现神话传说。

一部分考古学家将头像的头盔和墨西哥湾的历史联系起来，并用后来发现的一处关于球赛的壁画佐证这些巨像和球赛有关。根据玛雅文明对球赛竞争惨烈的记载——输的那一方队长要被砍下头颅并献给神灵，考古学家认为这些石像的建造是用于神秘的祭祀仪式。

有学者发现石像上雕刻的头盔装饰是古代中美洲地位显赫的标志，所以认为这些石像代表统治者，属于首领、皇帝，或是王室成员，具有一定政治意义。

另有一种被普遍认可的说法：奥尔梅克雕像建筑可能是一种以传播萨满教为目的的文化遗迹，而巨石头像象征着生灵万物的活力源泉。

还有人推测，巨像仅仅是奥尔梅克人的自画像而已，甚至说巨像是出自一个更加古老却已经被遗忘的民族。

不管怎样，奥尔梅克巨像作为奥尔梅克文明的重要遗产，对于研究古代美洲的文明发展、宗教信仰、艺术风格等具有重要价值。

巨石阵到底是干什么用的

英国巨石阵即斯通亨治巨石阵，位于英国伦敦的索尔兹伯里平原，是欧洲著名的史前时代文化神庙遗址，由一群整齐排列成同心圆的巨大石块组成。研究者推断，建造者们是一个已经开化的民族，并推测了巨石阵的几种用途：

用于观测天象。巨石阵的主轴线和一些石头之间的连线，能够指向夏至、冬至和立春、立秋、立冬的日出、日落方向，还能预报日食和月食，那个时代的人们可能已经了解了太阳系构造；用于宗教祭祀。能用来观察天文星象，就可能用于宗教卜筮和举行仪式；可能是刑场。巨石阵里找到了被利剑齐根砍下的头骨和被无数燧石箭射杀的骸骨，可以认定他们是死于行刑而非战死；可能是某种狩猎的特殊装置。新石器时代，原始人为了猎取大型野兽而不使自己受到伤害，设置了这个庞大的机关；还可能是墓地或者和墓葬习俗有关，学者们发现了多处墓穴，推测它可能用于埋葬部落首领；更有一些人推测，巨石阵具有多重功能，执刑、墓葬、宗教祭祀、天文勘测，兼而有之。

复活节岛上的巨像有什么用

1722年复活节，荷兰探险家雅各布·洛吉文在南太平洋进行航海探险时，发现了一片航海图上没有标记的岛屿。他带着船队兴奋地靠近后，才发现岛屿四周竟然围着几百尊面目姿态怪异、气势雄浑的巨大雕像。这座岛屿在太平洋上偏安一隅，荒凉而与世隔绝，住着几百个不同肤色的拉帕努伊人，他们使用石器，生产力低下。他们的祖先称岛屿为"吉比托奥吉·赫努阿"，意为"地球的肚脐"或"世界中心"，却对他们称为摩艾石像的巨大雕像全无记忆，除了名字之外一无所知。

很多考古学家、天文学家、科学家和旅行家们前往探秘。长期调查考证之后，学者们发现了1000多座大小不一的摩艾石像，雕刻技巧精湛神妙。它们只有上半身，双臂垂贴在身体两侧，双手托住肚皮，头比较长，眼窝深而鼻高，表情深沉肃穆，不失威严。有的石像还有高高的圆柱形帽子以及类似文身的符号。学者推测人类大约在公元1世纪登上复活节岛，600年后建成石像底座，又在1个世纪之后，开始雕凿石像。到了12世纪时，石像的雕刻活动达到鼎盛时期，持续了4~5个世纪的时间，然后就像被按了暂停键，戛然而止，原因不明。

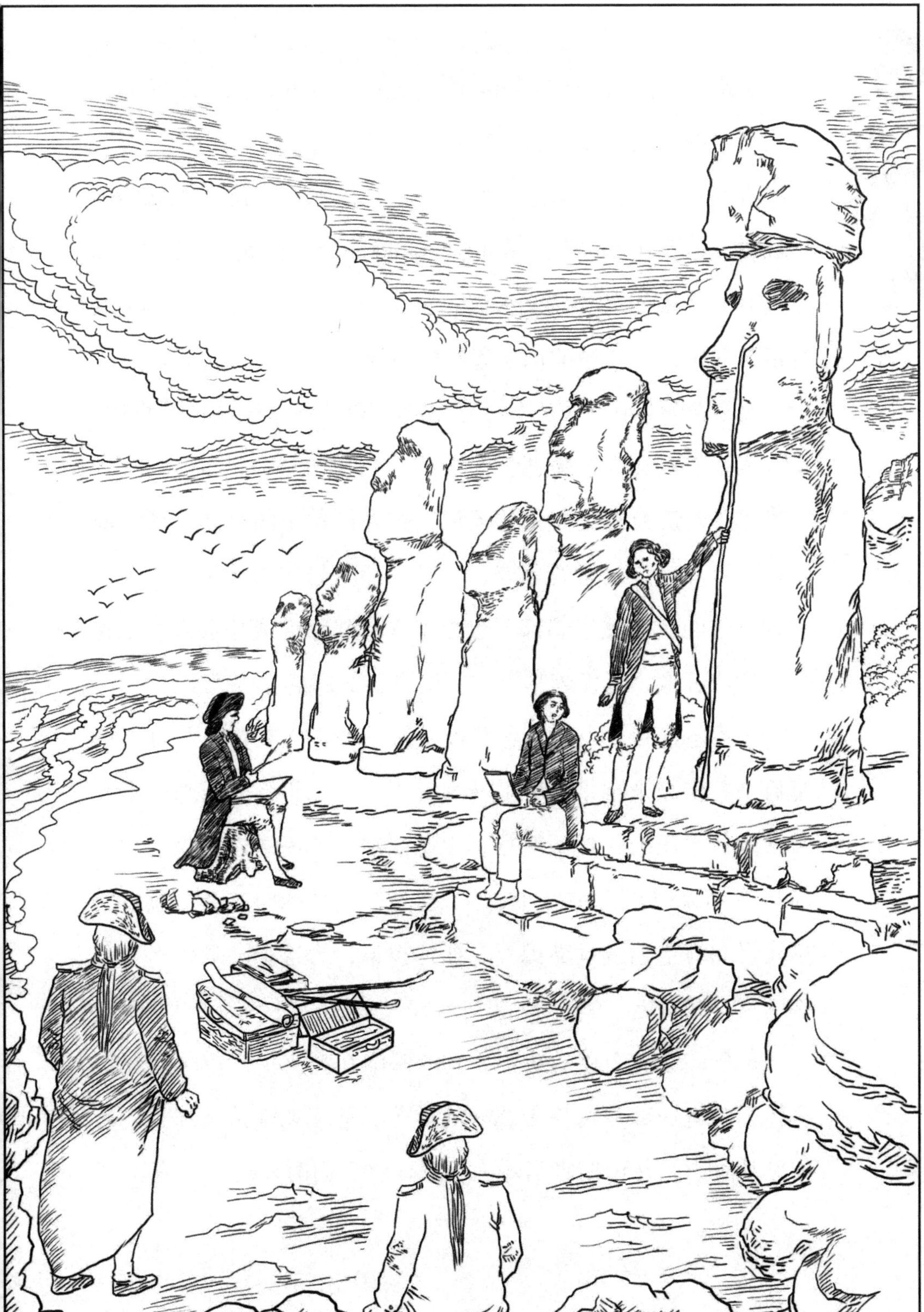

这些石像到底是谁雕刻的呢？工程量如此巨大，工匠们如何搬运？雕像的作用是什么呢？

晴空万里时，从高空中俯瞰，太平洋像一个温暖柔软的美人肚皮，复活节岛的确像是肚脐一样静静地嵌在太平洋的中心。于是有学者根据岛屿原名推测，石像是外星人在高空之中发现复活节岛之后，建造的用于着陆的向导。

大多数学者认为，它们是已故部落酋长或宗教领袖的肖像，用以显示权威和进行膜拜。

还有人认为这是实力的象征，在人口稠密的时期，岛内部落较多，部落之间常有争夺，于是，部落的酋长或领导者为了表现自己的实力强于邻邦，也为了震慑邻邦，威吓敌人，争先恐后建造石像，石像越高大，证明自己的部落越强大。

学者还猜测，摩艾人像曾经被这里的古人视为保护神，但是后来石像越来越多，岛上林木终于无法承担随着石像骤增所带来的伐木压力，资源耗尽，生态崩溃。岛民遭遇饥荒、动乱和厮杀，把怒火发泄在了石像上，导致它们被推倒或摧毁。后来，殖民者和海盗相继登岛掠夺，抓捕奴隶，为这个岛屿带来毁灭性的灾难和打击。

如今，这些残存的遗迹，有的深陷在泥土中，有的歪斜着身体，也有一部分保持着原来的样子，坚定地守护在那里。它们缄默不语，却依旧吸引着人类去探索它们的来路和末途。

纳斯卡地画是谁的作品

在物产丰饶的秘鲁，有一处狭长的不毛之地。它一侧是安第斯山脉，一侧是太平洋东海岸。在这里，人们发现了震惊世界的神秘巨大的纳斯卡地画，现在发现的数量已经达700多个。这些巨画，有长长的直线或纷杂奇怪的几何图形，有昆虫、鸟类及哺乳动物和花草植物的形状，还有类似宇航员的造型，形象逼真，且只能在300米以上的高空才能真正看到全貌，而有的线条能够精准指示南北，误差不超过1°。美国人类学家保罗·柯索还发现有些图画对应着四季变化、太阳系各大行星和南半球某些星座，因此其被称为"世界上最大的天文书籍"。考古研究推测，这些地画雕刻时间可以追溯到公元前500～500年之间，至于地画的缔造者和目的，众说纷纭。

传说，曾经有一群智慧的天外之客，在纳斯卡城郊附近登陆，为他们的宇宙飞船修建临时跑道和机场，还雕刻了这些用来导航的航标。最出名的是埃里希·冯·丹尼肯在《众神的战车》中说，这是外星人标记的参观地球的入口和飞行器使用的跑道。

还有人认为印加部落见到过外星人降落在地球上，殷切地盼望着他们复返，却没有等到他们，于是开始模仿外星人绘制

图案。

有研究人员根据这些线条和图案的所在地和交叉结构，认为纳斯卡地画很可能是部落首领为了指引人们去祭祀场所卡瓦奇神庙和河谷之地进行朝拜而带领居民集体建造。那些小型的浮雕型地画，则是个人或者小团体雕刻。

学界公认的结论是，这些地画是古代纳斯卡人为了分配水源而特意绘就的标记。研究人员在地下发现了大量水渠，水渠对应的地面，正是这些地画所在之处。为了对水资源进行保护，同时保护自己的部落或族群，不同家族部落首领经过商讨，把水渠进行分配，领取之后，就刻上家族族徽以示占有。

美国麻省理工学院研究员戴维·约翰逊同样认为这些巨大图案是古代纳斯卡人用来标记地下水源位置的，那些绵延几千米的线条，就是古人赖以生存的水利灌溉系统标识。

德国数学家玛丽亚·赖歇倾注30年心血研究纳斯卡地画，认为这些线条是古人在没有文字的情况下雕刻出来用以表示星体的运动，动物图案代表不同的星座。考古学家乔斯·伊兰奇奥则认为，地画是古人绘制的带有通道的重要场所的标识地图。

以玛丽亚·赖歇为首的科学家和研究人员希望能够把这一引人遐思的美洲历史文化遗产好好保存，强烈呼吁秘鲁政府对游客进行限制。如今游客们只能通过遗迹之外的瞭望塔来欣赏这些地画，而无法近距离接触它们。

真的有所罗门宝藏吗

耶路撒冷，最早由迦南人命名为"耶布斯"，后来犹太人把名字进行希伯来语化，"犹罗萨拉姆"由此而来，汉语现译为"耶路撒冷"，意为"和平之城"。它是世界上唯一一个同时被基督教、伊斯兰教和犹太教尊奉为圣地的城市。公元前1000年，犹太人大卫率兵攻占耶路撒冷，建立犹太王国，并以它为首都。大卫的儿子所罗门继承王位之后，手工业、商业发展迅速，特别是对外贸易异常繁盛，王国统治达到顶峰，邻国纷纷以他为尊，年年进贡财物和香料，令他富甲天下。他在耶路撒冷大兴土木，耗时7年，建成了犹太人心目中的圣殿——耶和华神庙，然后把收藏耶和华赐予的神谕和"西奈法典"的金"约柜"连同自己的大量财富尽数藏在神殿中央的"亚伯拉罕神岩"下的地下室和秘密隧道，这就是历代相传、闻名世界的"所罗门宝藏"。

所罗门去世后，犹太王国开始衰落，附属邦先后宣布独立。公元前586年，新巴比伦军队攻陷耶路撒冷。君主尼布甲尼撒二世对"所罗门宝藏"觊觎已久，大肆寻找之后却一无所获，于是将王宫和圣殿付之一炬。

如今，2000多年过去，人们从来没有停止过搜索"所罗门宝藏"的脚步。有人认为这些财宝依然藏在结构复杂的地下室和隧道中，只是人们无法窥探其中秘密而不得入；有人认为这些财宝早已在巴比伦军队征伐之前就被秘密转移；还有人认为，当初所罗门把宝藏藏在"亚伯拉罕神岩"下根本就是幌子，真正的宝藏另有藏身之处。持最后一种看法的人认为，所罗门派遣出去的远航船队，每次都会顺利地满载而归，那么远在海上的地方，一定有一处陆地储藏着这批财富。

1568年，西班牙航海家门德纳误以为所罗门群岛是藏宝之地，大肆开掘搜索，毫无斩获，所罗门群岛却依然吸引探宝人接踵而至。因为所罗门群岛有大大小小900多个岛屿，地形复杂，人们相信，在一个地方没有发现，不代表宝藏一定不存在。只是所有寻宝人都乘兴而来，败兴而归。人们猜测，要么是这些人财运太差，要么是"所罗门宝藏"根本不在此处。

1837年，一段拥有4000多年历史的地下通道在耶路撒冷一座清真寺遗址中被发现，人们怀疑这是传说中的"约亚暗道"，但是未能在其中发现宝藏。

20世纪初，一些学者认为金"约柜"和"所罗门宝藏"依旧躺在"亚伯拉罕巨石"底下的暗洞里，没人发现其踪迹。到20世纪30年代，两名美国人在暗道中又发现了一条秘密地道，只是暗道中还藏有暗道，又被流沙保护，探宝之行根本无法继续。

直到今天，"所罗门宝藏"是否存在仍然是个谜，但是寻宝者们依然期待能挖掘出这笔庞大的宝藏。

皮里·雷斯地图真是外星人的杰作吗

世界七大洲中，终年冰天雪地的南极洲最晚被人们认识。但是引起人们对这块与世隔绝的土地寻找和探索的兴趣的，并不是关于它的神秘传说或古书记载，而是一张被后人命名为皮里·雷斯的古地图。皮里·雷斯地图是18世纪初在奥斯曼土耳其帝国海军上将皮里·雷斯的书房中发现的，让人惊讶的是，地图上面除了有南北美洲、西部非洲，还绘制出了南极洲的地形。

1957年，美国海军制图专家、休斯敦天文台主任汉南姆得到地图后对它进行科学分析，认定这幅地图把地球外貌描绘得非常精准，对当时人们很少勘察甚至根本没有发现过的地方标注得也很详细。当时的南极洲是个"孤岛"，还没有人发现关于它的记载。"古地图悬案"的核心，并不在于一幅1513年绘制的地图中出现了1818年人们才找到的南极洲，而是它呈现的竟然是南极洲毛德王后地被4500米冰层封冻之前的山脉地貌，而且它还标注了山脉高度。早在6000年前，南极洲就已经结束了无冰状态，这怎么能不让人震惊呢？

好在皮里·雷斯在地图上亲笔记录，说他只是一个编撰者和抄写者，并不是进行实际勘探和绘制地图的真正作者。他甄别了大量搜集而来的原始地图资料，叠加仿制了原作者的地图。这些地图，有的是当时或是之前包括哥伦布在内的一些有相关航海经验的探险家所绘，其他应该属于前4世纪甚至更早时期所绘。

如果真的是前4世纪时所绘，那就说明早在几千年前，人类就已经到达了南极洲，或是探险，或是生存。

众所周知，要绘制这样精确的地图，有两个基本的必备条件：在空中飞行，以及适合空中飞行时拍摄的仪器和技术。人类掌握空中拍摄的技术时日尚短，就连飞上高空的时间也不过百年，如果不具备上述条件，古代的人们是怎么飞上天空并进行观察绘制的呢？

欧洲文艺复兴时期的达·芬奇能通过借助量角器实地测量的方式，结合多种技术和科学方法以及绘画技巧把城市用三维的方式展现出来，古人是怎么做到那么准确的？

绘制古地图的到底是不是外星人呢？

1963年，哈普古德教授认为，皮里·雷斯地图作为依据的古老地图蓝本和其他证据，都能确凿地证明，早在4000年前，一个高度发达的神秘文明曾经光临或者统治整个地球，他们中的航海家或者探险家曾经远赴南北两极，使用先进的导航仪器精确进行勘探，并绘制成图记录下来，然后经由古代的航海民族米诺斯人和腓尼基人流传到了后世。

纳粹的黄金储备转移到了哪里

第一次世界大战之后，德国作为战败国签订了《凡尔赛条约》，割地赔款，政府面临社会动荡、经济崩溃等诸多困境，民怨沸腾。为了扩张日耳曼民族的生存空间，转嫁国内矛盾，德国再一次发动战争，企图征服世界和掠夺他国财富。

据美国权威机构的调查统计，德国在"二战"期间掠夺的黄金白银、珠宝首饰和文物珍品价值1640亿马克，按照当时的估价，约合410亿美元，放到今天，仍令人瞠目结舌。

战败前夕，希特勒为了日后能够卷土重来，命令属下转移并藏匿这批庞大的黄金储备和价值连城的艺术文物。盟军到处搜罗纳粹劫掠的巨额财宝，但是他们只查抄到一小部分，那么其他财宝都藏到哪里去了呢？

美军在色林吉亚的凯塞罗盐矿分两次找到了希特勒属下负责的550只装有22亿德国马克的布袋以及250吨黄金和400吨珍贵文物。盟军经过调查认为，大批财宝被德国人和美军共谋分赃，只是美国政府极力否认。

还有一部分纳粹黄金被存在了瑞士银行。20世纪90年代的一项调查表明：二战期间，瑞士是中立国，瑞士银行曾利用

银行保密法吸纳过价值60多亿美元的纳粹财产。

现有证据表明，还有很大一部分财宝去向成谜，对其下落的看法莫衷一是。人们根据对纳粹档案的整理，总结了纳粹财富的八大藏区，以希特勒金库、大德意志之宝、隆美尔宝藏、墨索里尼东林宝藏最为著名。

希特勒金库另有一个很响亮的名字叫"狼穴"。据说它建在波兰地下，里面存放着大量金银珍宝。只是建造人员都被灭口，无人知晓它的所在。

另有传言称，最大的纳粹宝藏区在捷克。柏林即将失守时，希特勒紧急下令，把贵重物品全部装箱，就近隐藏在秘密地点。据纳粹俘虏回忆，这批宝藏就藏在距离捷克首都布拉格24公里的一个废弃矿井里。

还有一个就是隆美尔宝藏。隆美尔是希特勒手下著名的陆军元帅。他采用声东击西的办法，计划把自己的财宝分为两个部分。他用快艇装了一小部分想要运送到意大利的艺术品，如他所料，半路被截获，最重要的那部分则按照计划成功藏匿到突尼斯的一个沙漠小镇。然而运送队伍在归途中遭遇英国部队的伏击，全员覆没，从此，隆美尔财宝的下落再无人知晓。

纳粹黄金储备去向依然无人能解。不知道在未来会不会有人找到这笔巨额财富。

第九章

众说纷纭的离奇事件

希腊的"毒蛇朝圣"

这世上虔诚的教徒多如繁星。但是,可曾有人听闻,毒蛇竟也会朝圣,而且那份坚定执着,丝毫不输给人类。

传说在很久很久以前,希腊有一座美若仙境的小岛,岛上的人们安居乐业,日子过得逍遥自在。然而,祸事却毫无征兆地降临了。某一天,一群强盗气势汹汹地袭击了这座岛屿,将年轻貌美的修女们囚禁起来。圣母自然洞悉这帮强盗的邪恶意图,为了让纯洁无辜的修女们躲过这场灾祸,便施展神力将她们全都变成了毒蛇。眼看着妙龄美女眨眼间变成了令人胆寒的毒蛇,强盗们吓得屁滚尿流,落荒而逃。只是,那些毒蛇却再也无法变回往日美貌动人的女子了。

为了报答圣母的恩情,变为毒蛇的女子们每年都会不约而同地前往这座小岛朝圣。它们从栖息之地爬出,一路朝着小岛上的两座教堂爬去,最终停在教堂的塑像下方,仿佛有谁在暗中指挥。它们在这里聚集10多天后,才缓缓离去。

这些毒蛇似乎颇通人性,从不伤害这里的居民。岛上的居民也敢触摸它们,或将它们缠绕于身上,据说这样可以驱邪治病,保佑平安。

毒蛇为何都选在特定的日子"前来朝圣"呢？更蹊跷的是，前来朝圣的毒蛇头上，都有一个与十字架极为相像的标记，莫非它们能发出同类可识别的声音，召唤同类成群结队来此朝圣？据说这种朝圣现象已延续了100多年，难道毒蛇会言传身教，教导自己的后代继续去朝圣吗？

其实，蛇类成群聚居的情况是有迹可循的。人们发现，在发情期时，成千上万条蛇会朝着某一特定地点涌去，它们相互纠缠在一起，展开争夺，以完成传宗接代的使命。据说希腊岛上的"毒蛇朝圣"现象，也是这种"恋爱盛会"的讹传。

另有一部分科学家经研究发现，毒蛇前来朝圣的现象，极有可能源于生物学里的"记忆遗传"。

什么是记忆遗传呢？通俗来讲，就是生物把记忆传递给后代的一种现象。比如说，大部分人对蛇类动物都会心生恐惧。但是，这种意识的形成，并不是因为所有人都曾遭受过毒蛇的伤害，而是从祖先的基因里继承下来的一种潜在记忆。在漫长的生存历程中，人类清楚地认识到毒蛇对自身的危害，下意识地对毒蛇避而远之，而后将这种记忆传递给下一代，这样便产生了记忆遗传。

科学家们通过实验证明，动物同样存在"记忆遗传"。而毒蛇朝圣这一行为，极有可能与记忆遗传相关。在这座四面被海洋环绕的小岛上，灾难定然时常降临。不管是海啸、地震，还是海底火山喷发，都会使海平面急剧上升。毒蛇受到惊吓后，便会朝着岛顶爬去，最终汇聚在海拔最高的教堂广场，从而逃

过一劫。从那以后，躲避灾难便成了毒蛇的本能行为，并遗传给了后代。于是，每到涨水之时，就出现了毒蛇朝圣的奇观。

希腊毒蛇的"朝圣"，无疑是一场满含神秘色彩与独特魅力的自然奇观。它不但呈现出了自然界的奇妙诡谲，更让我们对生命和自然有了更为深刻的领悟。即便我们暂时无法将这一谜团彻底解开，但探索的历程本身，便是对知识与真理的不懈追寻。

"通古斯大爆炸"到底是如何引起的

1908年6月30日7时17分，俄国上空发生了极为严重的爆炸，爆炸地点靠近通古斯河，因此被命名为"通古斯大爆炸"。其威力相当于2000万吨炸药，方圆近650公里内的窗户几乎全被震碎。爆炸原因主要有以下几种说法。

一是陨石撞击地球，众多科学家支持此说法，因为实验模拟出的陨石高速撞地球的爆炸效果与通古斯大爆炸情况吻合。但现场没发现陨石残骸，证据不足，此说法被否定。

二是核爆炸，有目击者称曾看到蘑菇云，加上爆炸威力大，还伴有光辐射和冲击波，像极了核爆炸。但是，爆炸发生几十年后才发明原子弹，所以此说法也不被认同。

三是外星飞船撞击导致通古斯大爆炸。在爆炸现场发现了未知残骸，有人认为是外星飞船残骸。

四是天然气与地震的共同作用。地震使地下天然气冲出地表，当地特殊天气让天然气浓度变高，只需一点火源就能引爆。此说法较为科学，被多数人支持。

引起这场大爆炸的真正原因，至今仍是未解之谜。

"泰坦尼克号"沉没的原因是什么

1912年4月15日,泰坦尼克号的沉没震惊世界。多年来,其沉没原因一直被学界与公众高度关注。

泰坦尼克号沉没的直接原因是撞击冰山。1912年4月14日晚,它与一座漂浮的冰山猛烈相撞,船体右舷瞬间出现93米长的裂痕,海水快速灌入,使船体逐渐失衡、断裂,最终沉没。

其实,这艘船在设计上存在严重缺陷,撞击发生后,这些缺陷加重了船体的损坏。而且泰坦尼克号使用的铆钉含大量矿渣,质量较差,撞击时也更易断裂。

航行过程中,船长的错误决策也间接导致了这场悲剧的发生。船长多次收到冰山警告,却未充分减速来避免碰撞。

环境因素同样关键。当晚海面异常平静,瞭望员难以发现冰山。北大西洋低温环境加快了船体破裂和海水涌入的速度,零下几十度的海水中,钢材脆性大增,船体遭到撞击后更易断裂。

泰坦尼克号的沉没是多重因素造成的悲剧,也是深刻的教训。深入探究其原因,才能避免类似灾难再次发生。

"法老的诅咒"到底是真是假

图坦卡蒙是古埃及法老之一。当他的陵墓被发掘出来后,人们发现了几处诅咒铭文,其中一处写着:"谁要是搅扰了法老的安息,死神就会张开翅膀降临到他的头上。"另一处则写着:"任何心怀不轨进入这座坟墓的人,我将像掐住一只鸟儿那样掐住他的脖子。"之后,一些不幸之事开始降临到参与发掘图坦卡蒙墓葬的考古学家和工人身上。这些消息不胫而走,成了众人皆知的神秘事件。然而,这个诅咒究竟是真实存在的,还是一种迷信或传说呢?

所有参与图坦卡蒙陵墓发掘工作的人都厄运缠身。发掘工作进行期间,资助发掘工作的卡纳冯勋爵在作业时突然晕倒在地,经检查发现他很可能被蚊子叮咬了,左脸颊有明显的肿胀。然而,不到两个月,卡纳冯在刮胡子时不慎刮破了左脸颊的肿块,致使伤口感染,最后因败血症死去。卡纳冯的子女称,卡纳冯临死前一直在喃喃自语法老的诅咒,还说自己要追随他而去。更诡异的是,图坦卡蒙的木乃伊左脸颊上也有一处和卡纳冯相似的细小疤痕,这不禁让人联想到法老的诅咒。

随后,又有一系列怪事发生。卡纳冯的弟弟在两个月后突

发败血症丧生，而一位打算对木乃伊进行 X 光扫描的医生，在出发前也不幸染病去世。更让人不安的是，所有接触过木乃伊的人员都陆续离世，其中包括两名助手，他们因肺炎在医院死去。到 1929 年为止，已有 22 人与图坦卡蒙的木乃伊有直接或间接的关联，且都遭遇不幸，唯有考古学家卡特逃过一劫。

彼时的媒体对考古工作人员遭到的厄运大肆渲染，再加上法老诅咒的警示，这件事顿时在社会上引起了不小的轰动，许多人都认为法老的诅咒应验了。有人觉得法老的诅咒是古埃及人对盗墓者的惩处。也有人觉得法老的诅咒是一种心理暗示的结果，是盗墓者因恐惧感而产生的幻觉。关于死亡的原因，一些科学家经研究发现，很多考古学家都携带着一种会引发呼吸道发炎的病毒，这些人极有可能是感染了这种病毒才死亡的。还有些科学家则认为，这些人的死亡是墓室中食物腐烂霉变所散发的毒菌所致。

总的来说，图坦卡蒙的诅咒是否真的会应验，到现在还存在很多争议。在科学家和历史学家看来，图坦卡蒙诅咒应验这一说法并没有充足的证据，它仅仅是一个用来吓唬人的传说罢了。但无论如何，图坦卡蒙的诅咒还是激发了人们的想象力，使人们对古埃及的历史和文化产生了更多兴趣。

"罗斯韦尔事件"到底是怎么回事

1947年7月，美国新墨西哥州罗斯韦尔发生了一起不明飞行物坠于沙漠的事件，轰动一时，是最著名的UFO事件之一。起初，军方声明在该区域找到飞行器残骸，之后又改口说是天气气球坠毁。军方给出的声明前后矛盾且反复更改，让许多人觉得政府是在隐瞒外星人或秘密飞行器之类的神秘事物。

外星飞船坠毁说流传最广。目击者称，他们在现场看到了从未见过的奇怪物体。这一说法的支持者认为政府保密是因为涉及外星人和机密军事技术，怕信息泄露威胁国家安全。

气球坠落说也是一种流行的说法。研究者发现，当时美国政府正在开展"摩高空计划"，使用了"摩高空气球"等设备，有人推测坠毁物可能是这类高空侦察气球，而非外星飞船。

还有说法称，罗斯韦尔事件涉及机密实验，坠毁物可能是秘密飞行器，也许和当时的核武器研制有关。

罗斯韦尔事件虽充满猜测与争议，但无论真相如何，都燃起了人们对外星生命的好奇心。

戴安娜王妃死于意外还是谋杀

1997年8月31日，传奇王妃戴安娜在法国巴黎因车祸不幸离世，年仅36岁。

关于车祸过程，各方描述大致相同。戴安娜和男友、埃及亿万富翁之子多迪·法耶德晚餐后遭摄影记者跟拍，为摆脱记者，他们乘坐汽车在市区高速穿行。行至巴黎市中心塞纳河畔阿尔玛桥下公路隧道时失控撞上水泥柱，多迪和司机当场死亡，戴安娜与保镖重伤送医。凌晨4时，戴安娜因大出血离世。

2006年12月，英国警方调查结果显示：戴安娜之死是司机亨利·保罗酒后超速驾驶导致的。但车祸疑点众多，不少人怀疑戴安娜并非单纯死于车祸，而是精心策划的谋杀。

英国独立电视台播出纪录片《戴安娜：车祸背后的奥秘》，采访了车祸现场目击者。他们称，一道强烈的白光射向戴安娜乘坐的奔驰车后，车祸便发生了。此外，多迪的父亲接受《论据与事实》周刊采访时也表示，凶手用激光手枪射杀儿子和司机，两人当场死亡。

车祸前不久，司机保罗账户莫名多出十几万英镑，这该如何解释？难道是雇凶者提前支付报酬，让他撞死戴安娜和多迪，伪造意外车祸？无人能给出答案，毕竟保罗已在车祸中丧生。此外，2006年2月底法国首次承认保罗是该国情报部门特工，其多重身份也着实惹人怀疑。

还有人称，戴安娜王妃因车祸后抢救不及时离世。戴安娜王妃的生前好友、著名心脏外科专家克里斯蒂安·巴纳德表示，救护医生在现场磨蹭了近1小时；而且，到案发现场原本只需15分钟，救护车却45分钟才到。案发时是午夜，不可能发生堵车的情况，又怎会耽搁如此之久？这让事件愈发扑朔迷离。

戴安娜王妃的骤然离世，就像一块巨石坠入舆论的深潭，霎时激起千层浪。这究竟是命运残酷安排下的一场交通事故，还是不可言说的阴谋诡计？戴安娜王妃的香消玉殒，也始终警醒着世人，有些真相也许会被永远尘封在历史的幽暗角落里。

诡异的"屠牛事件"真相是什么

19世纪至20世纪70年代、80年代,曾有多起"屠牛事件"发生在美国偏远的山区农场。这些事件之所以称得上"诡异",是因为牛的死亡方式极为离奇:遇害者多为母牛,它们的眼睛、乳房和舌头都会被取走,切割伤口宛如外科手术般精致且规律。有的牛脸被割去一部分,有的牛内脏被解剖拿走,连心脏也不例外,而且所有伤口周围都变得很坚硬,硬到用刀都割不动。最骇人的是,所有在案发地死亡的牛,全身血液都被抽走了。并且,屠牛现场周围的土地被磁化,草的基因也发生了改变。其他动物无论是食肉的还是食腐的,都不愿接近牛的尸体,这些牛肉也不腐烂。

屠牛事件让众多农民、警察、科学家既困惑又恐惧,到底谁才是屠牛事件的幕后黑手呢?

美国著名病理学家比利·约翰逊表示,自己从业27年,从未见过这样的牛和如此异常的死法,他认为这绝非食肉动物所为。当地人讲述,自己在牛死亡前一晚常听到类似飞机的噪音,牛被劫持时会高声喊叫,像是在呼救,然后瞬间就没了动静。

还有的居民看到奇怪的光点一闪即逝。幸运的是，有目击者看到牛的尸体被抛在空中，当地牧民也出面作证，看到死牛从空中发光圆盘扔下。虽然目击者众多，但至今无任何组织或个人宣称对此事负责。

对美国农场主而言，"屠牛事件"给他们带来了巨大的经济亏损，有的农场主回忆，自己的农场经常有牛失踪。由于这件事给当地农民造成了严重的财产损失，1979年5月，FBI成立调查小组，组长肯尼斯·隆美尔警官经过一年研究得出结论：大规模屠牛事件是食肉和食腐动物所为。此结论一出，引起一片哗然。美国媒体都不信，这么多诡异现象绝不是动物能造成的，公众也认为这只是官方的敷衍。

于是部分人觉得是外星人所为，认为是外星人想研究地球生命形式，了解其结构、功能、进化等特征，便拿牛开刀，收集基因样本用于基因工程或克隆实验，这表明外星人对地球生命兴趣浓厚，而且很可能不怀好意。

当然，这些说法都缺乏确凿证据。外星人说法虽有支持点但也有反驳点。还有说法是不法分子或邪教组织所为，他们出于某种目的或信仰对牛进行仪式或实验，但这说法也不完美。不管屠牛事件的始作俑者是谁、目的是什么，都给当地农民和社会带来了巨大的恐慌。

人体自燃事件是意外还是谋杀

有一些案例表明，人体会在未接触火源的情况下燃烧起来，直至化为灰烬，这种现象叫作人体自燃。人体自燃事件在世界各地时有发生，可科学家却始终未能解释明白其中的原因。更为怪异的是，人体自燃通常只发生在受害者自身，火势绝不会向四周蔓延。那么人体自燃到底是怎么回事？是意外还是谋杀呢？

1951年发生在美国佛罗里达州的玛丽自燃事件，是大众最为熟知的人体自燃事件。67岁的老妇人玛丽独自居住在自己的出租屋内。这一天，房东卡彭特夫人收到了一封寄给玛丽的挂号信。她来到玛丽的房间门外，对着房门敲了许久，都没有得到回应，同时空气中还隐隐飘浮着一股焦煳的气味。她用备用钥匙打开房门，发现门把手烫得厉害。开门后，室内有一股热浪扑面而来，还弥漫着难闻的煳味。

一幅诡异的画面展现在她面前：玛丽在沙发上被烧死了，头骨已经炭化，缩小到如同杯子般大小。除了腿部和一小截脊椎骨之外，身体的其余部分都已碳化。卡彭特夫人原以为房间里着了火，然而屋内的其他物品都没有被焚毁，只有玛丽坐过的沙发周围有火烧过的痕迹。这究竟是怎么一回事呢？

玛丽的身体炭化成为灰烬，这需要非常高的温度，然而房间并未被大火焚毁，除了靠近沙发的家具之外，其余物品全部完好无损。调查人员马上开展调查工作，最终判定玛丽是由于"烛芯效应"意外丧生。

调查人员发现玛丽患有严重的神经衰弱，每晚都得依靠药物入眠，她或许在服药之后，靠在沙发上睡着了，而此时手中的烟也掉落了，燃烧着的烟头将身上衣物点燃。由于药物的作用，玛丽无法醒来，身上的皮肤因高温破裂从而露出脂肪，脂肪在250℃以上时就能自行燃烧。这些脂肪便是燃料，身上的衣物被脂肪浸透起到了烛芯的功效，在这种情形下，玛丽就像一个能够持续燃烧的人体蜡烛，可以持续燃烧13个小时左右，甚至更久。但当时参与调查的美国宾州大学科学家克罗格曼却对这种说法持批评态度。在20世纪60年代初，克罗格曼就公开表示质疑。他认为，玛丽的头骨碳化后缩小到杯子般大小，当时燃烧的温度肯定超过了250℃。一般情况下，尸体在空气中自行燃烧时，头骨都会破碎成渣。所以他更倾向于玛丽是被人谋杀的，尸体是被火化设备焚烧后，被搬回室内伪造现场。

"烛芯效应"应该是目前对人体自燃最具权威的解释，但很多人认为，烛芯效应首先要有"烛芯"，而人身上的衣服很快就会被大火烧光，不可能成为"烛芯"。

众多科学家对自燃现象进行了细致的研究，他们发现，当人长期处于饥饿、酗酒或者极度疲劳的状态时，人体脏器中的

代谢分子乙酰辅酶会转变成乙酸盐，进而通过化学变化转化为丙酮，这便是问题的根源所在。

丙酮是一种比酒精更易燃的物质，人体内丙酮的增多可能由多种原因导致，像糖尿病、酗酒、肥胖等。科学家们先收集动物的软骨和组织，再把它们浸泡于丙酮之中，接着将这些材料置于制作好的人体骨骼上构建模型，之后给模型穿上衣服并点燃。实验结果与科学家的预测一致，在30分钟内，动物软骨和组织就化为灰烬，仅剩下一堆冒着浓烟的黑炭，这和人体自燃现象极为相似。

此外，科学家认为多数自燃者只剩腿部未完全燃烧，是由于丙酮在腿部的堆积量最少，并不足以达到助燃的程度。虽然找到了自燃的根源，但还是无法解释玛丽的头骨为何在高温下缩成杯子般大小。

这么多年来，人体自燃事件不超过200例，尽管线索寥寥，科学家却依旧在努力寻找答案。

火星运河闹剧是怎么回事

1877年，意大利天文学家斯基波雷利发现火星上存在着一些暗的、类似河渠的线条，他的这一发现被译成英语时，他所用的术语"沟渠"被误译为"运河"。于是，众多望远镜纷纷对准火星，不少人宣称看到了运河。

既然运河存在，那必然有火星人。于是，火星人的传闻开始四处传播。1938年，美国哥伦比亚广播公司播送了一部广播剧，内容是火星人入侵地球，这些火星人极其凶残，所到之处尸横遍野，他们妄图将地球据为己有。由于广播剧的播出形式让听众误以为真的发生了外星人入侵地球的事件，在当时引发了极大的恐慌，民众纷纷离家出逃，致使美国交通陷入一片混乱，伤者不计其数。这或许是与火星相关的最具影响力的闹剧了。事后，美国政府对相关责任人进行了处理，不过火星人的形象却在人们心中扎下了根。

随着航天时代的到来，我们对火星的认知更深入了一层，火星上有河床，却无水。没有水就不可能有生命，我们可以严肃地宣称：截至目前，尚未在火星上发现生命迹象，当然，火星上也不可能存在真正的"火星人"。

"地狱之门"的火何时才会熄灭

土库曼斯坦境内的一片沙漠有个燃烧了50年的巨大的"火坑",被称为"地狱之门"。1971年,苏联地质学家在此探测资源时发现大片天然气田,钻探时地面坍塌。坑洞坍塌后,甲烷开始泄漏,坑内还混有大量毒气。当时技术有限,科学家为防毒气影响附近居民,便点燃坑洞。本以为火焰几周内就会熄灭,没想到至今还在燃烧,坑内温度高达1000℃,像极了吞噬一切、通向地狱的大门。

"地狱之门"的火至今未被熄灭,有两个原因。

一是成本高。天然气对人和动物有害。要灭火就要解决天然气问题,得建立收集器、储存器。可是天然气太多,在未探明储量前根本建不起,要从地底切断气源连接花费更大。

二是吸引游客。大坑持续燃烧,虽造成了损失,但拉动了当地旅游业。许多探险家来此探险,2013年加拿大探险家乔治还下到30多米深处,他因此成名,也让更多人知道这个地方。当地每年旅游收入超10亿美元,靠它"吃饭"的民众自然反对填埋。

在这两种原因作用下,"地狱之门"才留存至今。

第十章

争议不断的神秘现象

"亚特兰蒂斯"真的存在吗

古希腊哲学家柏拉图的《对话录》中，描述了一个大西洋之中的岛国，名叫亚特兰蒂斯，又称大西国、大西洲。

根据柏拉图的描述，亚特兰蒂斯位于大西洋北纬30°线，堪称世界的文明中心。那里土地丰饶、物产丰富、气候宜人。亚特兰蒂斯人有系统的文字，而且热爱音乐。居民依靠种地、开采金银和提炼香水为生。城市建筑呈同心圆分布，功能性建筑完善，有天象馆、学校、寺庙、剧场、竞技场、公共浴池等，屋顶都是镀金的圆顶。街道上开满鲜花，熙熙攘攘、热闹非凡，码头上船舶如织，装满与其他国家进行贸易的商品。

有了领先世界的文明后，亚特兰蒂斯人也有了征服世界的野心。大约在公元前9600年，亚特兰蒂斯人打算进攻雅典。突然，整个岛在一天一夜间沉入了海底。

柏拉图在描述亚特兰蒂斯时，屡次信誓旦旦地声称并非虚构，但后人还是认为它不过是一个想象中的国度，寄托着柏拉图对"理想国"的想象。但是，也有人认为亚特兰蒂斯真实存在过，前赴后继地到大西洋上进行寻找，结果均一无所获。

百慕大三角其实是个弥天大谎

说起风靡世界的"未解之谜",总有一个大家耳熟能详的常客,那就是百慕大三角,又有"魔鬼三角""死亡三角"之称。据说,经过这里的轮船、潜艇、飞机,都会神秘消失,连残骸都找不到。

为了解释百慕大三角现象,不少人提出了五花八门的理论和假说,例如"次声波振动说""海地水桥说""金字塔磁场说""磁偏角异常说"等。更有文章言之凿凿地宣称,这里其实是外星人的基地,那些事故都是外星科技所致。随着科幻小说、科幻电影的风行,又出现了"四维空间说""黑洞吞噬说""平行世界说"等玄之又玄的解释。虽然听起来不一样,但结论总是相似的——无法确定真正的原因。

百慕大三角真的有那么神秘吗?其实,百慕大三角永远没有解,因为它根本就不是个谜。

百慕大三角位于佛罗里达半岛东南部,是由英属百慕大群岛、美国的迈阿密和波多黎各的圣胡安围成的一个大西洋三角地带,在地理学上不存在"百慕大三角"这样的划分,给这片海域命名的其实是一群作家。

最早提到百慕大三角的人是美国的一名花边新闻编辑，名叫爱德华·琼斯。1950年，在一篇登载在《迈阿密先驱报》的报道中，他提到了发生在百慕大附近的飞机神秘失踪事件，并将那片海域称为"魔鬼三角"。这篇具有耸动效果的报道，吸引了大众的广泛关注。

文章中提及的飞机神秘失踪事件，也是所有"百慕大三角神秘现象"的肇始，是一起发生于1945年12月5日的空难事故。当时，美国海军第19飞行中队的5架"复仇者"轰炸机在百慕大附近进行飞行训练。他们飞出基地两个小时后便迷失了方向，向大西洋深处飞去，最终因燃料耗尽坠入海中，机上14名飞行员无一生还。美军派出了大量飞机和船舰进行搜救，但没有找到人员和飞机，还造成一架负责搜救的PBM-5水上飞机失事，机上13名机组人员也不知所终。

这场空难在世界空难史上并没有什么独特的地方，导致悲剧发生的主要原因是人为的失误，而不是超自然力量。但是，在爱德华·琼斯笔下，该事件就被蒙上了神秘色彩。到了1964年，另一位美国作家文森特·盖迪斯发表了一篇名为《死亡百慕大三角》的文章，写的依然是美国海军第19飞行中队的神秘失踪案件。他虽然完全没有提供有效数据，但却言之凿凿地宣称百慕大三角的海难远远超过了世界上的其他海域。

此后，越来越多的作家发现了"商机"，炮制出了一些真真假假的海难、空难，进行一次次故弄玄虚的解读，最后把灾难的源头归结到百慕大三角头上。例如，有人挖出了1918年2

月"独眼巨人"号货轮的失踪案，这场海难也成了百慕大三角的"经典罪证"之一。就这样，这片普通的海域，在世人心目中逐渐笼罩上了浓厚的阴影。

1974年，"百慕大三角作家"中的"集大成者"伯利兹，出版了《百慕大三角》一书，搜集了众多与百慕大三角有关的事件和其他作家的解读，让"百慕大魔鬼三角"在美国变得家喻户晓。

不过，这本书的畅销也引来了严谨的学者们的注意。1975年，美国亚利桑那州立大学图书馆馆员拉里·库什专门查阅了大量百慕大三角事故的调查报告，还对相关人员进行了咨询和访问，最后得出结论：百慕大三角发生的飞机和船只失事数量，与世界上其他海域相比并不突出。最重要的是，海洋保险公司并没有对经过这里的船只收取更高额的保险费用。此外，根据一些报告，发生在百慕大三角的事故也没有什么神秘之处，让它们神秘起来的是多年之后作家的"再加工"。

拉里·库什的发现，让美国的"百慕大三角热"渐渐冷却了下来。没想到，几十年后这个弥天大谎却在中国变成了人们津津乐道的"未解之谜"，热度至今不减，不由得让人啼笑皆非。

水晶头骨是外星人的作品吗

1924年,一个名叫安娜·米歇尔·赫奇斯的17岁英国女孩在中美洲伯利兹的玛雅古城中发现了一只水晶头骨。这一发现迅速轰动了世界,随后人们在南美洲陆续发现了12个水晶头骨。

这些水晶头骨大小和真人头骨一样,内部结构与人的颅骨骨骼构造完全相符,而且工艺水平极高。当时人们认定这是古代玛雅人进行神秘仪式的道具,但这种工艺水平显然不是玛雅人能够做到的。因此,水晶头骨又被蒙上了"超自然力量"的色彩,被认为是外星人制作后送给玛雅人的。

有好事者还给13个水晶头骨编造了一些离奇的能力,例如说将13个头骨放在一起,它们就会唱歌;在玛雅预言中的末日来临前,只有凑齐13个头骨才能拯救世界等。安娜也不断推波助澜,她将水晶头骨高价卖给了收藏家,还写了《水晶头骨之谜》,收获颇丰。

不过,2005年,大英博物馆对馆藏的水晶头骨进行鉴定,结果显示它们并非古代玛雅人的遗物,而是近代机械加工出来的"水货"。

麦田怪圈是如何出现的

所谓麦田怪圈，是指在长满麦子或其他农作物的田地里，突然有一部分农作物弯曲伏倒，形成有规律的大型图案的现象。早在17世纪的英国，就有对麦田怪圈的报道。到了20世纪80年代，麦田怪圈在英国频繁出现，后来美洲、大洋洲、欧洲、亚洲等地也开始出现有关麦田怪圈的报道，图案各异，千奇百怪，有的图案还非常复杂。

谁制造了麦田怪圈？不得不说，有相当一部分麦田怪圈只是某些人的恶作剧而已。甚至有人将麦田怪圈视为吸引旅客前来观看的"人工景点"。英国南部各郡在麦收季节常常能因麦田怪圈吸引来大量游客。根据调查，绝大多数麦田怪圈都是人为制造的。但是，也有一小部分可能是其他原因导致的。

有专家认为，一些麦田怪圈可能是磁场"击倒"了农作物导致的；也有人认为，麦田怪圈多在春季和夏季出现，那时候龙卷风多发，可能形成怪圈。

不过，关于麦田怪圈的成因，最让世人感兴趣的还是外星人制造说。有些一夜之间形成的规模宏大、图案精密、看不出人造痕迹的麦田怪圈，就会被视为外星人的杰作。

"幽灵船"是怎么出现的

所谓的"幽灵船",通常是指已经被认为失踪甚至沉没的船只,在一段时间后又突然出现在海上或海岸边,且船上空无一人的神秘现象。

18世纪,大航海时代余波未平,诞生了一个著名的海上传说——有一艘名叫"飞翔的荷兰人"号的大型木帆船,在一次航海中被风暴吞噬。此后,它时常突然出现、突然消失,出现时往往伴随着可怕的暴风雨,散发着诡异的光芒,在海上以不可思议的速度航行,但永远不会靠岸。这个影响深远的传说,直到今天依然被人们津津乐道。

到了1872年12月,一艘真实存在的"幽灵船"引起了轰动。那是一艘名为"玛丽·赛勒斯特"号的双桅帆船,被发现时正行迹怪异、忽左忽右地行驶在海上。更令发现者诧异的是,主桅上空空的,没有任何东西。发现者登船之后,发现船上空无一人,但食物和水的储备可用半年之久,船上的贵重物品没人动过,也没有发生过严重暴力事件的痕迹。不过,船上的救生艇和小艇不见了,可见船员是急匆匆地乘小艇弃船而去的,但是此船航行过的海域并没有发生风暴的记录。

欧美媒体对这一神秘事件进行了持续几十年的报道，最终也没有调查出个所以然来，所有船员依然下落不明。就连大名鼎鼎的侦探作家柯南·道尔，也写过以"玛丽·赛勒斯特"号为背景的小说，虚构了船员们互相残杀的恐怖景象，使"玛丽·赛勒斯特"号成为不祥的象征。

1921年，美国运煤船"卡罗尔·迪林"号在美国东海岸哈特拉斯角附近搁浅，海上救卫队赶到事发海域时，整艘船上空无一人，导航设备、航海日志以及两艘救生艇也不见了。一时间，各种流言蜚语传播开来，有人说船上曾发生过内讧，也有人认为船员均被海盗或走私船劫走，但现场没有留下明显的打斗痕迹。多年之后，"魔鬼三角"的传言甚嚣尘上，由于此船曾穿越百慕大三角，因此也被蒙上了神秘色彩。

1955年，美国商船"乔伊塔"号在南太平洋失踪五周后被发现，船体倾斜，货物与救生艇不见踪影，仅留下带血的绷带，暗示着船上可能发生过暴力事件。

此外，卢森堡商船"拜尔·阿米卡"号、台湾渔船"远大目标6号"等，也发生过船员神秘消失的事件。这些船消失的原因也招致诸多猜测，例如人为犯罪、自然灾难乃至超自然现象等。

"尼斯湖水怪"到底是什么

尼斯湖位于英国苏格兰北部的苏格兰大峡谷之中,是一个细长而深的不冻湖。水温很低,不适合游泳,湖水中满是泥煤,可见度很低,给了人类很大的想象空间。

从公元6世纪开始,英国就流传着尼斯湖中生活着怪物的传说。随着时间的推移,水怪的传说在附近居民中间口耳相传,与全世界许多地方的怪物传说没什么两样。但是,1933年发生的一件事让尼斯湖水怪迅速引起媒体和公众的注意,开始加入举世闻名的"未解之谜"的行列。

1933年,尼斯湖附近的一条公路开通了,来到附近的人多了起来。4月里的一天,一对夫妇宣称看到了一个巨大的生物横穿公路后滑入湖水消失了。媒体迅速关注到了这个新闻,进行了一系列报道,吸引了大量人来到湖边。第二年,一张据称是一位外科医生拍到的照片开始被广泛传播,照片非常模糊,似乎有一个长颈、小头的生物从水中探出了头,看起来很像是已经灭绝了几千万年的蛇颈龙。这张照片被视为尼斯湖中存在水怪的"铁证",被热烈讨论了几十年。直到1994年,才有人披露,这张所谓的照片,其实是用装着怪物头的潜水艇玩具伪造出来的。

1934年之后，有人常年关注着尼斯湖，希望能目睹尼斯湖水怪，也不断有目击报告问世，人们的描述千奇百怪，多数还是蛇颈龙的样子。有人宣称看到了尼斯湖水怪的脚印或尸体，后来发现是河马或海豹的；也有媒体或科研团队利用潜水艇、声呐、水下照相机甚至卫星影像来寻找水怪。虽然有人宣称找到了"证据"，但是无法得到公众或科学界的认可。

2018年，新西兰奥塔哥大学的生物团队从湖泊各个位置收集了200余份水样，根据水中的DNA片段，发现了约3000种物种存在的证据，不过其中并没有巨型爬行动物等可能与尼斯湖水怪相似的动物。不过，科学家们在水中发现了大量的鳗鱼DNA，这使他们猜测，可能是水中生活着体形巨大的鳗鱼，它们游动或跳跃之时，被误认为是水怪。

也有人推测，可能是地震造成的波纹现象或水的折射引起的类似海市蜃楼的现象，让人们产生错觉，看到了湖中并不存在的生物。

真的有"大脚怪"吗

世界各地都有"野人"的传说，例如我国的"神农架野人""喜马拉雅雪人"，澳大利亚的野人"幽威"、俄罗斯和蒙古一带的阿尔马斯人等，均为介于人与猿之间的生物，但没有过硬证据证明它们的真实存在。

在北美地区流行的"大脚怪"（又名沙斯夸支），是最受世人瞩目的野人传说之一。它们居住在偏远地带，特别是丘陵地带。根据现有资料，"大脚怪"的传说起源于19世纪初期，一名探险家在加拿大发现了一些大得惊人的巨型脚印，但没有看到脚印的主人。他在报纸上使用了"大脚怪"这一称呼。

后来，不断有人宣称自己看到了"大脚怪"，甚至有人说自己遭到了"大脚怪"的绑架。

根据目击者的描述，"大脚怪"身高大约在3米，体型庞大、肌肉发达、极为强壮，外貌和毛发都很像猿人。在当地人心目中，"大脚怪"往往被视为森林和自然环境的守护者，是和人类共存的神圣存在。也有传说认为"大脚怪"的性情非常和善，它们在故意躲着人类。

在美国和加拿大，各种花边小报盛行，时不时就有人声称

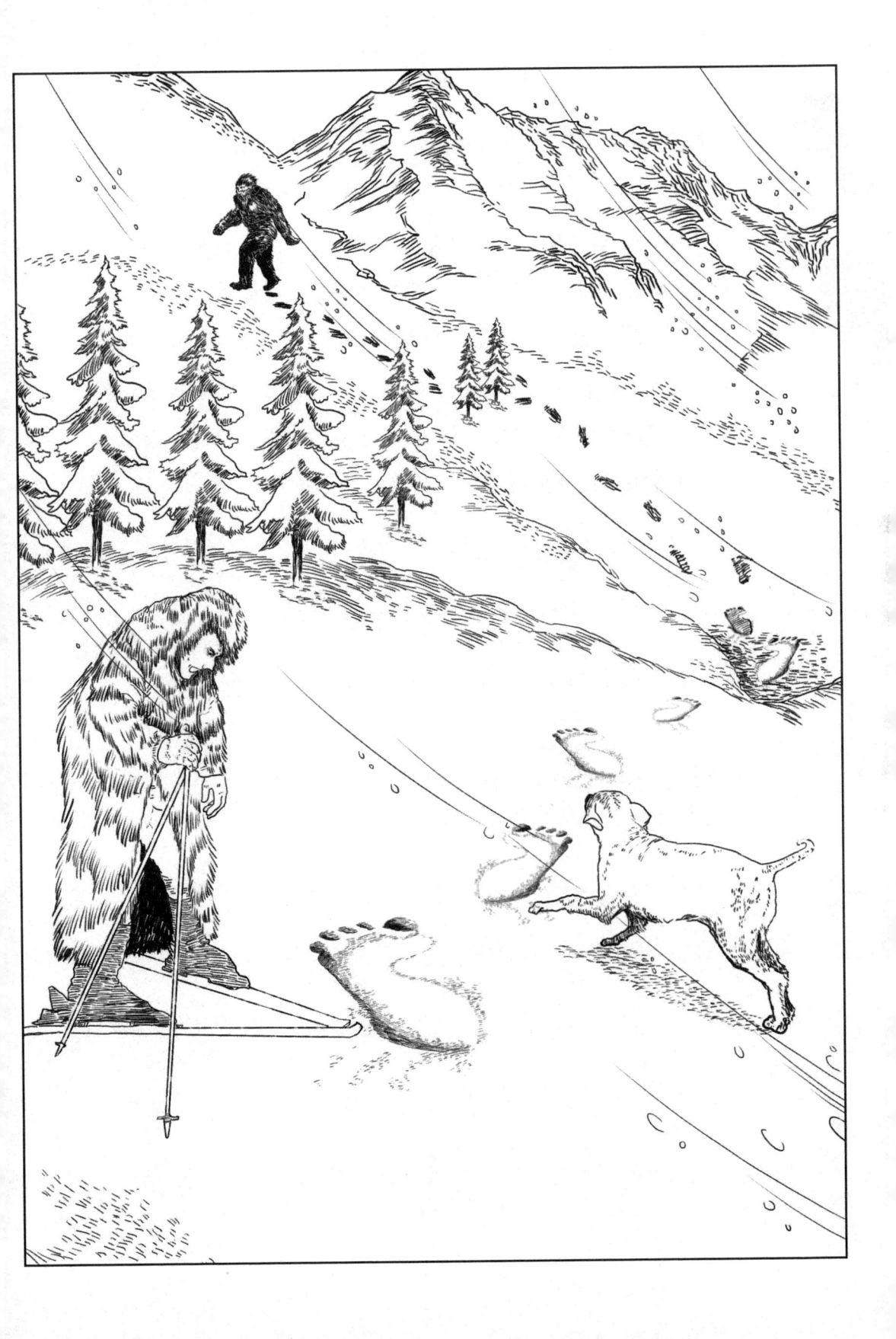

目睹了"大脚怪",有的报纸还刊载了"大脚怪"的照片。不过,这些照片太容易造假了,因此其真实性始终受到质疑。1973年,加拿大的一家报社拿出了10万美元的重金,奖给捉住"大脚怪"的人。当然,这笔奖金至今还没能给出去。

多数人认为"大脚怪"只是人们的恶作剧,但也有人认为,世界上存在未知生物并不稀奇,大王乌贼、鸭嘴兽及科莫多龙等都曾遭到大多数人的质疑,结果如何呢?因此,很多人还在继续想方设法追寻着"大脚怪"的足迹。

"天使头发"到底是什么东西

所谓的"天使头发",是指出现在UFO事件现场的一种类似蛛丝的胶状物,它们往往伴随着UFO的出现而从空中降落,有时也单独降落。

1954年10月,在意大利佛罗伦萨的一个有着近万名观众的足球场内,突然出现了两个发光的飞行物体,与此同时,有闪闪发光的东西从空中落下,那是一些棉絮状的白丝,人们触摸这些白丝时,它们就自行溶解了。

出现这些白色物体的不只有这个球场,有人收集了一些送到了佛罗伦萨大学。经过化验,发现这是一种纤维物质,具有较强的抗拉性和抗扭曲性。但是,研究人员无法确定这些物质是什么。经过加热,它们便很快消失了。

人们将这些物质称为"天使头发"。有人认为"天使头发"其实是蛛丝,有人则认为是飞机投放的对敌方雷达实施无源干扰的干扰箔。但还是有人坚信"天使头发"是UFO释放出的多余能量的物化,或者是从UFO的涂层上脱落下来的。

南极洲真的是 UFO 基地吗

UFO 在地球上出现得太过频繁，以至于有人产生了这样的猜想：地球周围甚至地球上，应该有外星人的 UFO 基地。如果真的有的话，外星人会将基地建在哪里呢？

有人立刻想到了大名鼎鼎的"百慕大三角"，甚至认为海底有金字塔，那里就是 UFO 基地。不过，百慕大三角早已被辟谣了，那里不过是一片寻常的海域。所谓的"海底金字塔"更是无稽之谈，说那里是 UFO 基地，当然是不可能的；还有人认为，UFO 基地在地心深处；更有人认为，UFO 基地在人类观测不到的月球背面。不过，2019 年，"嫦娥四号"探测器首次在月球背面软着陆，并拍下了大量照片，这个说法也不攻自破了。

有人声称，南极洲存在结构精密的现代化建筑群，却没有人类生活的痕迹；还有人声称，南极洲上空时常出现 UFO。因此，他们认为那里就是外星人建造的 UFO 基地。由于南极洲常年被冰雪覆盖，人迹罕至，所以认为那里是 UFO 基地的说法，目前还没有被"驳倒"。相信随着人类对南极洲的认识越来越深入、全面，这个说法也难以站得住脚了。

"长颈族"为什么戴那么多铜环

长颈族是一个神秘而独特的民族,名为巴东族,是克伦族的一支,主要生活在泰国北部与缅甸边界接壤的小镇湄丰颂内。这个族群的女子,认为长颈是美丽和高贵的象征。因此,她们从小就会在脖子上佩戴铜环,以便拉长脖子。同时,手上、腿上也会佩戴小铜环。

长颈族的女孩子一般从 5 岁开始就戴上铜环,一开始只有三到五个,每过一段时期就增加一个,一直增加到十几二十个铜环,重量可达数公斤乃至十几公斤。与人们想象中不同的是,长颈族女性的脖子并不会真正被铜环拉长,只是通过铜环的重量压低肩膀,造成视觉上的拉长效果。

至于这一习俗的来源,也是众说纷纭。有人认为,这种形象是在模仿传说中的龙或凤凰,以便获得神兽的护佑;还有人说,古代时这里的女子得罪了神明,神明派来老虎捕食女子,于是,这里的女子就在脖子上戴上铜环,让老虎无从下口。

铜环不仅给长颈族女子的生活带来了许多不便,还会影响

脖子的健康，沉重的铜环也会让她们的肩膀和头部受到长期磨损，导致颈部肌肉萎缩和脊椎变形等。因此，当越来越多的外来文化进入湄丰颂时，很多人开始不让自己的女儿戴铜环。

实际上，如果不是经济原因，这一习俗早就消失了。有研究者发现，该种族其实是因战乱逃到这一地区的，作为非法移民，他们靠发展旅游业、经营与长颈有关的纪念品等，才得以在当地立足。也就是说，长颈族是完全靠旅游业生存的。如果找不到新的经济来源，戴铜环的习俗是不会轻易消失的。

在南非东北部，也生活着一群长颈族人，这里的女性也以脖子佩戴铜环为美，但与湄丰颂的长颈族没有任何文化渊源。